보육교사인성론

김 혜 경

창지사

서문

어린이집에서 발생하는 아동학대, 교직원과 부모의 갈등으로 인한 고소, 고발 혹은 청원과 같은 각종 사건 사고가 보도되면서 그 원인과 해결에 대한 다각적인 접근이 있어 왔고, 그 일환으로 보육교사 인성의 중요성이 대두되고 있다. 교사 대 영유아 비율, 낮은 보수, 장시간의 보육활동, 너무 쉽게 취득하는 자격증, 직장 내 조직 관리 문제, 부모의 의견이 가장 중시되는 수요자 중심의 정책 등이 교사의 언행에 많은 영향을 미친다. 이러한 성격의 어린이집이라는 '직장'에서 보육교사의 스트레스를 관리하고 자존감 고양을 위해 노력하려는 움직임은 바람직하다.

대학에서는 이러한 현상을 반영하여 2016년도부터 '보육교사론' 과목을 '보육교사인성론'으로 편성하여 운영한다. 2014년 『보육교사론』을 출판한 저자에게 창지사에서 이번에는 『보육교사인성론』의 집필을 요청하였다.

기존의 내용에 인성 관련 부분만 첨가하면 될 거라는 의견에 흔쾌히 바로 완성해 드리겠다고 답하였다. 하지만 누리과정에서 영유아를 대상으로 하는 인성의 범주(배려, 존중, 협력, 나눔, 질서, 효)는 '보육과정' 등의 과목에서 학습해야 할 내용으로 판단되었다. 교사의 스트레스 관리와 유능한 업무처리를 돕는 목차가 필요하다고 보았다. 인성은 지식으로 학습되는 것이 아니고 주어진 환경에서 발현된다고 생각하기 때문이다. 아울러 변경된 용어나 지침을 반영하고 어린이집의 현장을 담아야 할 것 같아 전체 목차를 재조직하고 새로운 책으로 다시 쓰기 시작했다. 빠르게 변하는 어린이집 현장 때문에 그 변화를 적용하며 예비교사를 교육해야 하는 대학도 덩달아 늘 숨이 가쁘다. 짧은 주기로 대학 교재를 개정 출판해야 하는 출판사도 발맞춰 함께 달려야 하는 시대이다.

이 책에서는 영유아에게 인성교육을 실시하는 교사로서의 인성뿐만이 아니라 직업인으로서 보육교사를 바라보고 요구되는 인성을 중심으로 더 폭넓게 여러 측면을 고찰해 보고자 한다. 먼저 인성의 정의를 살펴보면 『표준국어대사전』에서는 인성(人性)을 다음과 같이 풀이하고 있다.

1. 사람의 성품
2. 각 개인이 가지는 사고와 태도 및 행동의 특성

이 정의를 기반으로 어린이집 보육교사에게 필요한 인성에 대해 고찰하고 현장에서 실천할 수 있는 실무들을 중심으로 책의 내용을 구성하였다.

기존의 『보육교사론』, 『교직의 이해』, 『보육교사 실무』, 『교사론』, 『교수학습 방법』, 『영유아기관의 운영과 관리』, 『교구교재연구법』 등의 책에서 중복되는 내용을 모두 생략하고 우리나라 보육교사 인성교육의 동향을 반영하였다. 이와 함께 자신의 학급 업무뿐만이 아니라 직장 동료와 공동 업무를 수행하는 보육교사에게 필요한 실무 능력 등을 중심으로 책의 목차를 구성하였다. 주로 대학에서 활용되는 이 책의 특성에 따라 예비교사가 현장을 이해할 수 있도록 어린이집의 구체적인 사례와 자료를 동원하여 집필하였다.

저자가 영유아교육과 관련된 여러 직장에서 기관장의 역할을 수행하는 동안 부하직원 채용의 경험을 돌이켜 보면 실력과 인성이 모두 중요하지만, 인성에 더 비중을 두었던 것 같다. 대부분의 기관, 특히 어린이집의 교직원은 공채과정을 거쳐 선발한다. 채용 후보의 지원 서류를 검토하고, 가능한 범위에서 그들의 평판을 조회했다. 전 직장에서 '업무는 똑 부러지는데 동료들과 불화가 많았다'는 후보와 '일하는 머리는 별로인데 성품이 참 좋았다'는 후보를 놓고 늘 후자를 선택하곤 했다. 일은 전문적인 기법이나 효율적인 방식을 가르치면 되었기 때문이다. 역시나 성품, 즉 인성이 좋다고 평가받던 사람들은 동료들과 화합하여 좋은 관계를 맺어 갔다. 결혼이나 기타 사정으로 너무 먼 지역으로 이사를 가거나 대학원 진학을 위해 사직서를 낼 때 정말 아쉬운 마음으로 보내야 했다. 그들은 다른 지역에서도 여전히 잘 살아가고 있다. 부모나 동료와 갈등을 자주 일으키고 퇴직한 사람들은 그 이후의 직장에서도 'trouble maker'로 살고 있다는 소식을 듣는다.

직장생활을 하는 동안 좋은 인성의 동료를 만나는 것은 행운이다. 나 역시 그들에게 좋은 동료가 되어 줘야 할 것이다. 사람의 관계는 상대적인 여건에 따라 형성되는 경우가 많기 때문이다. 어린이집이라는 직장에서 만나는 영유아와 그들의 부모, 동료, 지역사회 사람들 모두가 서로에게 '좋은 사람'이 되기를 바란다. 보육교사의 인성은 '보육교사인성론'이라는 과목의 이론으로만 형성되는 것이 아니지만, 학습을 통하여 유능하고 행복한 보육교사가 되는 방법을 찾아볼 수 있다. 자신을 돌아보거나 미래 직장인으로서의 보육교사 모습을 꿈꾸고 준비하는 데 도움이 될 것이다.

보육교사를 꿈꾸는 모든 이에게 좋은 직장과 동료를 만나 자신의 훌륭한 인성을 펼쳐 가면서 행복하게 살아가는 날이 오기를 기원해 본다.

2020년 어느 멋진 날에

김혜경

차 례

Chapter 1

보육교사 인성교육의 동향

1 보건복지부의 목표와 전략

1991년 「영유아보육법」에 따라 출범한 어린이집은 30년에 가까운 역사 속에서 많은 발전을 하였다. 그 발전의 과정에는 열악한 환경과 처우에도 불구하고 영유아를 사랑하며 현장을 지켜온 보육교사들의 헌신이 있음을 인정해야 할 것이다. 보육교사들은 저출산 현상이 심각한 대한민국에서 '아이를 낳기만 하면 나라가 길러 준다.'라는 공약과 논리에 '길러 주는 서비스'를 직접 제공하는 역할을 담당하면서 자신을 희생하고 인내하는 역할을 수행하였다. 다행히 국가가 보육교사의 처우 개선을 위한 노력을 시작하면서 보육교사들의 직업에 대한 만족도가 높아지고 있는 것으로 보인다.

보육교사는 대부분 헌신하고 희생하며 인내하는 역할을 하고 있다. 그러나 일부 언론을 통해 교사가 영유아를 학대하거나 방치하여 문제를 일으키는 모습만이 보도되고 이슈화되어 사회적으로 공분을 사기도 하였다. 극히 일부의 문제교사로 인해 어린이집 교실에 CCTV 설치가 의무화되고, 보육교사들의 스트레스를 가중시키고 있다. 어린이집의 관리·감독할 책임이 있는 보건복지부는 보육교사의 인성과 자질을 향상하여 보육의 질을 개선하겠다는 보도를 여러 차례 내보내고 있다. 즉, 안심보육이 그 목적으로 보인다.

2019년 2월에 발표한 제3차 중장기 보육 기본계획(2018~2022)[1)]에 따르면 "영유아의 행복한 성장을 위해 함께 하는 사회"를 비전으로 목표 및 전략에 보육의 공공성 강화, 보육체계 개편, 보육서비스 품질 향상, 부모양육지원 확대의 4대 분야를 추진과제로 설정하였다. 보육서비스 품질 향상에 보육교사에 관한 목표 및 전략이 포함되어 있으며, 그 내용은 다음과 같다.

---

1) 「영유아보육법」 제11조에 따라 보건복지부장관은 중앙보육정책위원회의 심의를 거쳐 5년마다 보육계획을 수립하고 시행해야 한다.

분야	추진 과제	주요 내용
1. 보육의 공공성 강화	1-1. 국공립어린이집 이용률 40% 확대	• 지방의 국공립 확충 및 균형 배치 여건 개선 • 국공립어린이집 확충 방식 다양화 • 매년 450개소 이상 확충
	1-2. 국공립어린이집 운영의 공공성 강화	• 국공립 어린이집의 공적 역할 확대 • 민간 전환 국공립어린이집 등 질 관리체계 운영
	1-3. 직장어린이집 활성화	• 직장어린이집 직접 설치 확대 및 의무이행률 90%로 확대 • 중소기업 직장어린이집 설치 지원 확대(고용부 협조)
	1-4. 어린이집 운영의 건전성 제고	• 공공형 어린이집 관리 강화 • 협동조합 등 비영리적 운영 주체 참여 보장 • 어린이집 관리 역량 강화 • 어린이집의 재정 건전성 강화
2. 보육체계 개편	2-1. 어린이집 이용 및 지원체계 개선	• 어린이집 보육 지원 체계 개선 추진 • 부모 선택 기전 보장과 적정 보상체계 마련
	2-2. 표준보육비용 산정 및 적정 보육료 지원	• 표준보육비용 재계측 • 적정 보육료 지원 및 부모부담 기준 정비
	2-3. 보육과정 개선	• 영유아 특성에 맞춰 표준보육과정 개선
3. 보육서비스 품질 향상	3-1. 보육교사 전문성 강화	• 보육교사 학과제도 도입 • 보수교육 과정 내실화 • 체계적 보수교육 운영을 위한 종합 관리
	3-2. 보육교사 적정 처우 보장	• 보육교사의 적정 임금 지급 • 보육교사 보조인력 지원 확대 • 교사 업무 부담 경감
	3-3. 영유아 보육환경 개선	• 영유아 반 구성 기준 개선 • 어린이집 시설 기준 강화
	3-4. 상시적 품질 관리 강화	• 모든 어린이집 대상 평가 및 사후 관리 강화 • 어린이집 지도·점검체계 개선 • 어린이집 건강 및 안전 관리 강화 • 부모의 어린이집 운영 참여 여건 개선
4. 부모양육 지원 확대	4-1. 부모의 양육 역량 강화 지원	• 부모교육 및 양육정보 제공 확산 • 가정양육 서비스 확대
	4-2. 시간제 보육서비스 확대	• 서비스 제공기관 확대 • 시간제 보육 지원 기준 개선
	4-3. 취약보육 지원 개선	• 취약보육 대상 재검토 및 실태조사 • 취약보육 특성별 보육지원 개선

출처: 보건복지부 홈페이지(2019. 3. 5.). 보도자료.

보육교사의 인성과 자질을 향상시키기 위해 보육교사의 전문성을 강화하고 처우를 보장하는 정책을 표방하였고 보육교사의 업무 경감이 가능하도록 구체적인 형식의 일지를 보급한다. 업무 간소화를 위해 매일 기록하던 일지를 주간 단위의 형태로 변경하여 사용하였다.

서울특별시 서류 간소화 보육일지 작성 TIP

- 서울시의 서류 간소화는 보육일지와 주간계획을 통합하여 주 단위로 작성함으로써 과도한 상세 평가, 유사 내용 반복 기록 등에 따른 보육교직원의 일지 작성 부담을 경감하는 것이 목적입니다.
- 본 보육일지 작성 TIP은 「2019년 서울시 보육사업안내」 [별표6] 보육일지(예시)의 활용을 돕기 위해 작성된 것으로 제시된 양식을 기준으로 항목별 작성 TIP을 참고하여 어린이집 상황에 맞게 활용하여 주시기를 바랍니다.

1. 일과

일과	활동 계획					활동 실행 *(o, x, 확장, 축소, 대체 등 표기)*				
	월	화	수	목	금	월	화	수	목	금

※ 제시된 내용은 예시이므로, 어린이집별 실제 운영 상황에 맞게 일과의 시간과 내용(영역 구성 등)은 수정 및 변경하여 사용할 수 있음

2. 활동 계획

일과	활동 계획					활동 실행 *(o, x, 확장, 축소, 대체 등 표기)*				
	월	화	수	목	금	월	화	수	목	금

※ 주간계획의 활동명 기록
- 전주 활동을 이어서 진행하거나 새로운 활동 추가 시 기록 가능
- 활동 계획 시작일에 맞추어 기록 가능
  예) 활동 시작일이 화요일인 경우 화요일 아래 위치에 활동명 기록

3. 활동 평가

<table>
<tr><td rowspan="2">일과</td><td colspan="5">활동 계획</td><td colspan="5">활동 실행
(o, x, 확장, 축소, 대체 등 표기)</td></tr>
<tr><td>월</td><td>화</td><td>수</td><td>목</td><td>금</td><td>월</td><td>화</td><td>수</td><td>목</td><td>금</td></tr>
<tr><td colspan="11">※ 활동 실행 여부 및 평가 표기(o, x, 확장, 축소, 대체 등)
– O: 계획한 활동이 실행됨
– X: 계획한 활동이 실행되지 않음
– 확장: 원래 계획된 내용을 추가하거나 촉진하여 진행(시간, 놀잇감, 활동 계획 등)
– 축소: 원래 계획된 내용을 줄여서 진행(시간, 놀잇감, 활동 계획 등)
– 대체: 원래 계획된 내용과 다른 놀이나 활동 진행</td></tr>
<tr><td colspan="11">평가</td></tr>
<tr><td>월</td><td colspan="10">※ 평가는 계획된 모든 활동이 아닌 의미 있는 주요 활동을 중심으로 작성
※ 작성량에 따라 평가란의 칸 크기는 융통성 있게 조정 가능
※ 일일 평가: 중점활동 및 일상생활을 골고루 반영하여 작성,
주간 평가 작성 시 일일 평가 생략 가능
(중점활동 및 일과 평가 기록)
• 영유아들이 흥미를 보인 놀이는 무엇인가요?
• 놀이는 어떻게 진행되었으며, 전날 또는 이전의 놀이와 달라진 점은 무엇인가요?
• 놀잇감, 시간, 공간, 방법 등은 어떠했나요?
• 영유아의 일상생활(급간식, 낮잠, 배변 등) 중 특이 사항이 무엇이었나요?
• 영유아의 건강상태, 날씨 등 필요에 따라 일과를 융통성 있게 운영한 부분은 무엇인가요?
• 다음 날 계획에 수정·보완할 내용은 무엇인가요?
상기 내용을 바탕으로 일과 운영 상황에 맞게 선택하여 작성</td></tr>
<tr><td>화</td><td colspan="10"></td></tr>
<tr><td>수</td><td colspan="10"></td></tr>
<tr><td>목</td><td colspan="10"></td></tr>
<tr><td>금</td><td colspan="10"></td></tr>
<tr><td>주간 평가</td><td colspan="10">※ 평가는 계획된 모든 활동이 아닌 의미 있는 주요 활동 중심으로 작성
※ 작성량에 따라 평가란의 칸 크기는 융통성 있게 조정 가능
※ 주간 평가: 월~금요일의 주요 내용을 요약하고 다음 계획에 반영할 내용을 작성,
일일 평가 작성 시 주간 평가 생략 가능
(중점활동 및 일과 평가 기록)</td></tr>
<tr><td>비고</td><td colspan="10">(안전교육, 견학, 위생 관리 등 필요한 특이 사항 기록)</td></tr>
</table>

출처: 서울특별시(2019). 2019 서울시 보육사업안내.

2016년도에는 다음과 같은 내용의 정책에 대해 브리핑한 기록이 있다.

> 보건복지부는 인성과 전문성을 갖춘 보육교사를 양성하기 위해 대면교육 강화 등 보육교사 자격 기준을 개선하는 내용으로 「영유아보육법 시행규칙」을 개정하여 공포한다.
> 개정된 보육교사 자격 기준 주요 내용은 대면교육 강화로 보육교사 자격취득 17개 교과목 중 9개 과목을 대면교과목으로 지정하고, 대면교과목에 대하여는 8시간 출석 수업 및 1회 이상의 출석시험을 의무화한다.
> 지정된 대면교과목은 보육교사인성론, 아동권리와 복지, 놀이지도, 아동안전관리, 아동관찰 및 행동연구, 교실습 분야이다.
> 현장실습 기간 확대 부분에서는 보육교사의 보육 현장 적응력을 높이기 위해 실습 기간을 현행 4주 160시간에서 6주 240시간으로 확대하고, 평가인증을 유지하는 우수 어린이집에서 실습을 받도록 한다.

출처: 보건복지부(2016. 1. 12.). 보육사업기획과 보도 자료.

2 한국보육진흥원의 인성교육

보건복지부의 정책 방향과 함께 한국보육진흥원에서는 2016년도부터 보육교사의 소양과 인성 함양을 지원하고 직무 스트레스로 인한 부작용을 방지하고자 전국 보육교사를 대상으로 한 인성 자기진단 및 인성교육을 실시하고 있다.

안내 사항

- (재)한국보육진흥원에서는 보육교직원의 인성 함양 및 아동권리를 존중한 보육실행 능력 제고를 위해 **인성(안심)보육 교직원 연수 교육과정을 개발했습니다.**
- **다음과 같이 보급 교육을 실시**하고자 하오니 많은 참여 부탁드립니다.

시간	내용
13:30~14:00(30분)	등록 및 인사말
14:00~15:20(80분)	영아를 위한 안심보육의 실제
15:20~15:30(10분)	휴식
15:30~16:50(80분)	유아를 위한 안심보육의 실제
16:50~17:00(10분)	휴식
17:00~17:50(50분)	영유아를 존중하는 안심보육교사 되기
17:50~	귀가

출처: 한국보육진흥원(2015. 12. 2.). 보도 자료.

보육진흥원의 인성교육은 '마음성장 프로젝트' 프로그램을 선택하여 참가할 수 있다.

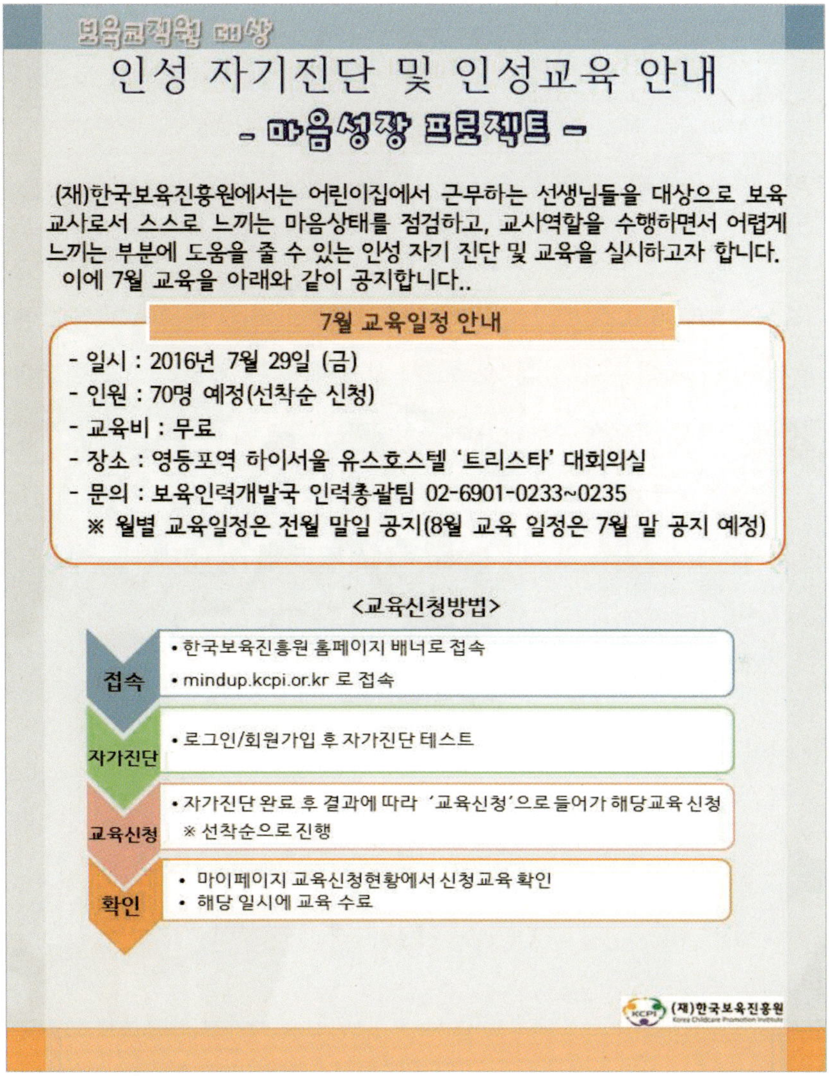

출처: 한국보육진흥원 홈페이지.

이 프로그램의 강의 내용은 다음과 같다.

구분	강의 내용
직무 능력	영유아 상호작용, 갈등의 예방과 관리, 자기 이해에 기초한 부모와의 효과적인 의사소통
기본 역량	보육교사의 자아존중감, 보육교사의 윤리 및 책무성, 정서·행동 조정, 사회성 함양

출처: 한국보육진흥원 홈페이지(2016. 7. 20.). 강사진 모집 공고.

이 교육과정에서는 인성의 자기진단 요소를 자존감, 소명감, 정서 능력, 대인관계로 구성한다. 이러한 4개 영역은 인성 요소별 '직무역량 강화, 인문학, 힐링'의 3개 단위 프로그램을 선택하여 교육받을 수 있다. 보육교사 마음성장 프로젝트는 보육 현장에서 지친 보육교사에게 직무상 피로와 스트레스를 해소하고 스스로를 환기할 기회를 제공하는 것에 목적을 두고 있다.

이러한 취지의 인성교육은 각 지방자치단체에서도 다양하게 진행하고 있다.

함께 키우고 함께 웃는 행복 육아실현

남양주시육아종합지원센터

수신자 구리시육아종합지원센터

(경유)

제 목 남양주시육아종합지원센터 인성교육(힐링콘서트) 홍보 협조 요청의 건

1. 귀 기관의 무궁한 발전을 기원합니다.
2. 스승의 날 인성교육(힐링콘서트) 행사에 관한 홍보 협조를 요청하오니 많은 참여 부탁드립니다.

-다 음-

구 분	내 용
행 사 명	스승의 날 기념 인성교육 "힐링 콘서트"
일 시	2019년 5월 15일(수) 18:30 ~ 20:30
장 소	남양주 다산아트홀(다산중앙로 7) 공연장
대 상	구리,남양주시 관내 보육교직원
내 용	인성교육 및 옆집오빠공연
신청방법	http://www.nyjscc.kr/child/ 홈페이지로그인 ▶보육교직원 교육신청
문의사항	070-4233-9913

붙 임. 인성교육(힐링콘서트) 홍보지 1장. 끝.

남양주시육아종합지원센터장

팀 장   센터장

시행 남양주시육아지원 2019-192 (2019. 5. 7.) 접수

우 472-861 경기도 남양주시 진접읍 해밀예당1로 96 / www.nyjscc.kr

전화 (031)528-4463 /전송 (031)528-4465 / nkc2015@hanmail.net / 비공개

출처: 구리시 육아종합지원센터 홈페이지.

보육교사를 위한 힐링 연수

- **교육 일시**: 2019년 6월 13일(목) 10:00~15:20
- **교육 장소**: 인천 골드코스트 호텔(인천 남동구 논현동 소재)
- **교육비**: 무료
- **준비물**: 신분증, 개인용 컵
- 세부 일정

<table>
<tr><th>교육 형태</th><td colspan="2">1일 5시간</td><th>주제</th><td>소명감</td></tr>
<tr><th>시간</th><th colspan="2">내용</th><th colspan="2">세부 내용</th></tr>
<tr><td>09:30~10:00</td><td>30분</td><td>등록</td><td colspan="2">서명 및 자료 배부</td></tr>
<tr><td>10:00~11:30</td><td>90분</td><td>직무역량 강화</td><td colspan="2">'소명감' 관련 강의(○○○ 교수)</td></tr>
<tr><td>11:30~13:00</td><td>90분</td><td>중식</td><td colspan="2">점심(식사는 제공됩니다)</td></tr>
<tr><td>13:00~14:10</td><td>70분</td><td>인문학</td><td colspan="2">인문학 강의
– 브랜드 업 이미지 메이킹(○○○ 대표) –</td></tr>
<tr><td>14:10~14:20</td><td>10분</td><td>휴식</td><td colspan="2">–</td></tr>
<tr><td>14:20~15:20</td><td>60분</td><td>힐링</td><td colspan="2">중앙육아종합지원센터 상담 프로그램
– 나를 위한 응원의 한마디 –</td></tr>
<tr><td>15:20~</td><td>–</td><td>마무리</td><td colspan="2">기념품 배부</td></tr>
</table>

출처: 인천광역시 육아종합지원센터 홈페이지.

서울특별시 강남구 보육교직원 감수성 향상과 힐링 연수

Chapter 2

보육교사 인성에 대한 요구

1 영유아가 원하는 보육교사

보육교사는 어린이집이라는 직장에서 영유아를 교육하고 보호하는 역할이 가장 큰 비중을 차지하는 직업이다. 어린이집의 영유아가 어떤 교사를 원하는지 살펴본다.

저자가 만 5세 유아를 대상으로 '선생님이 좋을 때'를 조사해 본 결과, 대부분 자신에게 친절했던 순간, 구체적인 놀이나 경험을 제공했을 때인 것으로 나타났다.

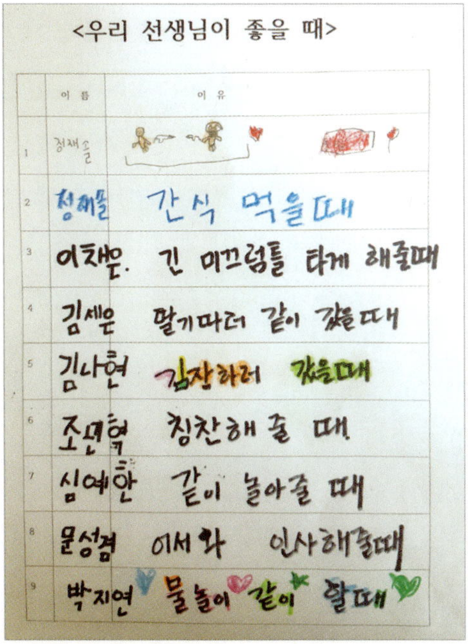

<우리 선생님이 좋을 때>

	이름	이유
1	정재훈	
2	정재훈	간식 먹을때
3	이채은.	긴 미끄럼틀 타게 해줄때
4	김세은	딸기따러 같이 갔을때
5	김나현	김장하러 갔을때
6	조민혁	칭찬해 줄 때
7	심예안	같이 놀아줄 때
8	문성겸	이세와 인사해줄때
9	박지연	물놀이 같이 할때

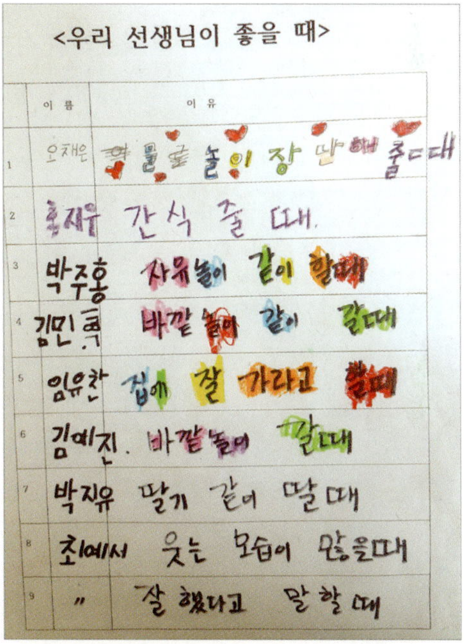

<우리 선생님이 좋을 때>

	이름	이유
1	오채은	물놀이 장 딴 해 줄때
2	홍채윤	간식 줄 때.
3	박주홍	자유놀이 같이 할때
4	김민혁	바깥놀이 같이 갈때
5	임유찬	집에 잘 가라고 할때
6	김예진.	바깥놀이 갈때
7	박지유	딸기 같이 딸때
8	최예서	웃는 모습이 많을때
9	〃	잘 했다고 말할 때

박은혜(2003)는 영유아가 좋아하는 교사에 대해 다음과 같이 정리한다.

- 아름다운 옷차림의 교사를 좋아한다.
- 교사의 밝은 표정과 태도를 좋아한다.
- 부지런한 교사를 좋아한다.
- 누구에게나 공평하고 편애하지 않는 교사를 좋아한다.
- 자신의 소질과 능력을 인정하고 격려해 주는 교사를 좋아한다.
- 자신의 장점과 흥미를 알고 상호작용해 주는 교사를 좋아한다.
- 온화한 음성으로 말하는 교사를 좋아한다.
- 인내력을 가지고 자신을 대하는 교사를 좋아한다.
- 정의롭고 용감한 교사를 좋아한다.

어린이집 일과와 보육교사의 생활모습

2 사회적 요구와 자질

1) 교사에 대한 관점

교육의 3요소에는 학생(영유아), 교육과정, 교사가 포함된다. 우리가 교사라고 말하는 직업은, 사람에게 더 향상된 삶을 살아가도록 가르치고 이끄는 과정을 통해 인간의 권리를 신장시켜 주는 중요한 사회적 장치라고 볼 수 있다. 개인을 가르치고 이끄는 과정을 통해 국가나 사회의 발전에 공헌하는 교사라는 직업은 어떠한 직업보다 가치가 있다.

우리나라 학교기관의 교직은 교원, 조교, 장학사(관), 교육연구사(관), 교장, 교감, 준교사, 실기교사 등 다양하게 분류되어 있지만, 어린이집은 원장, 교사, 주임교사(원감), 보조교사, 누리교사 등의 명칭으로 별도 분류 기준을 둔다.

교사를 직업으로 삼고 살아가는 자는 실력, 사명감, 인성 등 여러 측면에서 성숙하게 자신의 과업을 실현시켜 나가야 한다. 우리 사회의 중요한 역할을 수행하기 때문에 다음과 같이 특별한 관점으로 교사를 표현하기도 한다.

(1) 성직자관

미성숙한 학생(영유아)을 다루는 과정에서 특별한 사명감이 있어야 한다는 관점이다. 낮은 경제적 지위를 합리화할 수 있으며 생계유지나 이익 추구보다는 성스러운 교육에 종사하는 것을 보람으로 여기고 살아가게 하는 관점이다.

(2) 전문직관

보육교사가 전문직인가에 관한 논란에 대하여 노동부의 직업 분류, 일반적인 전문직 조건의 근거를 보면 보육교사는 직업 분류 항목 중 '전문가 및 관련 종사자'로 분류된다. 보육교사는 '보건·사회복지 및 관련직' 항목에서 '사회복지 관련 종사자'의 하위항목으로 분류되어 있다. 즉, 우리나라에 있는 모든 직업을 총정리하여 특성에 따라 분류한 통계

청의 직업 분류표에 보육교사는 전문직으로 명시되어 있다.

(3) 드라마에 나타난 이미지

TV 드라마에 나타난 유아교사의 이미지를 연구한 이현숙과 조형숙(2008)의 연구를 토대로 그 이미지를 인성적 특성, 외형적 특성, 전문적 자질과 역할, 직업적 위상으로 나눌 수 있다.

- 인성적 특성: 영유아를 사랑하는 사람, 온정적인 사람, 밝은 사람, 이타적인 사람, 순수한 사람, 여린 사람, 도덕적인 사람, 검소한 사람, 가정적인 사람, 열성적인 사람, 인내심이 있는 사람
- 외형적 특성: 여성스럽고 수수하며 단정한 이미지, 청순한 이미지, 다소곳하고 얌전한 이미지, 청순가련형의 이미지, 자상하고 부드러운 이미지
- 전문적 자질과 역할: 교육전문가 이미지(교수자, 상담자, 연구자), 올바른 직업과 직업윤리, 부모와의 전문적인 상담, 영유아를 보호하는 이미지
- 직업적 위상: 직업의식이 확고한 직업, 힘든 일을 하는 직업, 기본적인 보수를 받는 직업

2) 요구되는 자질

교실 현장에서 행해지는 교육의 질은 그 학급을 이끌어 가는 교사의 수준을 능가할 수 없다. 이는 교사의 역할이 어떤 교육적인 요소보다 큰 비중을 차지한다는 뜻이다. 보육교사는 영유아교육에 대한 정체성과 전문성을 갖추고, 영유아의 전인적인 성장·발달을 위해 영유아를 보살피고 가르치는 역할을 수행한다.

보육교사는 인성과 실력을 포함하여 다음과 같은 사항을 준비해야 한다.

(1) 순수한 영유아에게서 보람을 느끼는 적성과 인성

많은 수의 영유아와 오랜 시간 생활해야 하므로 자기중심적인 영유아의 특성을 이해하고 그들의 변화에 기뻐하며 보람을 느끼는 인성이 요구된다. 어린이집은 여러 발달 측면에서 아직 미성숙한 어린 영유아들을 교육하고 보호하는 곳이다. 그러므로 보육교사는 육체적·정신적으로 매우 강해야 하며, 상급학교 교사와는 비교되지 않을 정도의 인내력이 요구된다. 훌륭한 보육교사가 되기 위해서는 성숙한 인성과 함께 신체적·정신적 건강이 필요하다.

온종일 발생하는 영유아들의 소음은 교사에게 긴장과 짜증을 주기도 하지만, 교사는 항상 밝은 표정과 따뜻한 시선으로 사랑을 느끼게 하는 모습을 보여야 한다. 영유아들의 자기중심적인 성향으로 일과 중 갈등이 일어날 때 그들을 중재해 줄 수 있는 여유 있는 성격과 객관성이 있어야 한다.

이러한 자질은 개인적인 자질이며 여러 학자에 의해 강조되고 있는데, 이은화·배소연·조부경(1995)은 정신적 건강에 대해 긍정적 자아관, 타인에 대한 긍정적 사고, 건전한 인생관, 정서적 안정을 강조하고 있다(박은혜, 2003, 재인용).

영유아들과 함께하는 행사

(2) 적합한 교육과정 편성 능력과 효과적인 교수법의 활용

아무리 훌륭한 교육목표를 가지고 수업을 계획한다 해도 자신의 학급 영유아들에게 적합하지 못하면 흥미를 끌지 못하기 때문에 수업이 진행되지 못한다. 담당학급의 영유아를 정확하게 파악하고 이해하여 교육과정을 편성해야 한다. 이러한 이유로 보육교사에게는 영유아의 발달에 관한 연구와 이해가 필수적이다.

적합한 교육과정일지라도 전달 방법이 적합하지 못하면 영유아의 흥미를 끌지 못한다. 영유아에게 전달하고자 하는 내용에 따라 어떠한 교수법을 사용할지 연구해야 한다. 즉, 교사는 교과에 관한 지식뿐만이 아니라 전달 방법도 연구하고 적용하는 노력을 해야 한다.

이은화와 그의 동료들(1995)은 교사가 기본적으로 갖추어야 할 전문적 자질로 다음과 같은 교수기술을 제시하고 있다.

- 교육과정 구성 기술
- 의사소통 기술
- 창의성
- 교재·교구 제작 및 활용 기술
- 프로그램 실천 및 평가 기술
- 부모 및 전문가 참여 기술
- 융통성

보육교사는 학습자인 영유아가 스스로 학습해 나갈 수 있게 흥미를 존중하고 조언하며 촉진하는 리더의 능력을 갖추어야 한다. 주의집중력이 짧고 금방 싫증을 내는 영유아의 특성을 이해하고 다양한 교수 방법으로 수업을 끌어가는 창의적인 리더십이 요구된다.

즐거운 일과를 위한 장치들: 환경 구성과 활동

(3) 교육과정에 전개될 환경 구성 능력과 교수매체 선정

영유아를 위한 교실은 상급학교의 교실처럼 책상과 의자만으로 구성되지 않는다. 주로 하나의 주제를 중심으로 하루의 수업이 이루어지기 때문에 그 주제를 전달할 환경이 구성되어야 한다. 환경은 교실 내에 게시되어 있는 그림이나 사진 자료들, 소집단으로 들어가 놀 수 있는 각 흥미 영역의 구성, 흥미 영역에 제시되는 주제 관련 놀잇감 등을 의미한다.

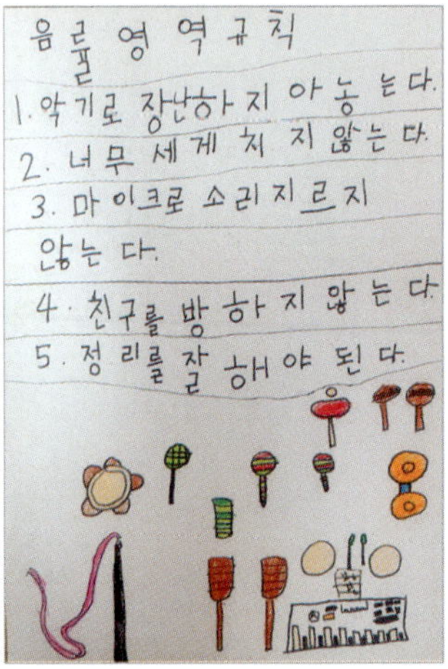

흥미 영역 구성과 영역 내 규칙

교육과정의 목표를 달성하고 내용을 잘 전달하기 위한 교수매체의 선정도 중요하다. 전달하려는 내용을 그림 자료로 보여 줄 것인지, 교사의 표정과 육성을 활용한 구연으로 할 것인지, 인형극으로 보여 줄 것인지, 직접 교구를 가지고 체험하여 습득하게 할 것인지 결정한다.

우리나라에는 교사가 직접 모든 교재·교구를 제작하지 않아도 될 만큼 여러 교구 업체에서 교수매체를 제공하고 있다. 영유아의 발달 수준과 특성에 맞는 바람직한 교재·교구 선택 기준을 연구하고, 그것을 활용하는 방법도 숙지한다. 교재·교구의 선택은 놀이의 질과 유형을 결정하고 흥미나 동기 유발에 영향을 미친다(김혜경, 2010).

구입할 수 있는 교수 자료의 사례

출처: 보육사; 아이코리아; 키키아이; 칭찬나라큰나라.

(4) 전개된 수업에 대한 평가 능력과 평가 결과의 적용 능력

평가는 차시의 수업을 위해 꼭 필요한 절차이다. 수업을 진행한 뒤에는 애초의 교육목표를 달성했는지, 교사가 구성한 환경이 효과적이었는지, 적합한 교수매체를 사용하고 결과가 좋았는지 등을 평가해 본다. 이러한 평가는 수업에 국한하는 것이 아니라 교사 자신의 삶에 대한 평가로 포괄적인 의미를 갖는다. 평가는 교사행위에 대한 결과를 충분히 검토하는 것을 말하며 책임감과도 관련지을 수 있다. 이러한 책임감은 반성적인 사고와 활동을 통해 다질 수 있다. Dewey(1933) 등의 연구를 종합하여 정리한 박은혜(2003)의 이론을 토대로 보면, 반성적 사고에는 다음의 과정이 포함된다.

- 교육문제나 딜레마[2)]의 인지
- 다른 상황과 유사한 점과 다른 점을 인지하는 것으로 문제에 대해 반응
- 분석된 상황에 비추어 문제를 다시 정의
- 여러 가지 문제의 해결책 시도
- 나타난 결과의 검토

잘된 부분은 다음 수업에 더 발전시켜서 적용하고 잘되지 않은 부분은 개선점을 모색한다. 항상 발전하려는 노력과 배우는 자세와 자신의 직업 영역에서 성장하려는 욕구가 필요하다.

어린이집에서는 일일보육일지에 수업의 평가를 기록하고 있다. 2019년 보육교사 업무 경감을 위해 간소화한 일지의 뒷면에 일주일 동안의 수업계획과 실행 여부, 평가를 기록한다.

총평 (중점활동 및 일과 평가 기록)	
월	
화	
수	
목	
금	
주간 평가	
비고	

2) dilemma. 몇 가지 중 하나를 선택해야 하는 상황에서 판단을 내리지 못하고 있는 상태를 이르는 말

다음의 평가표는 월별 생활주제 수업에 대해 총평을 정리하여 다음 수업계획에 반영한 사례이다.

○○반(만 1세) 생활주제별 월 평가

월	생활주제	평가 및 향후 반영 사항
10월	좋아하는 놀이가 있어요 2	• 영아가 좋아하는 놀잇감을 가지고 다양한 방법으로 놀이할 수 있도록 계획하여 친구들과 놀이하는 모습을 칭찬하며 함께 놀이하는 즐거움을 느껴 보았음 • 바깥 놀이를 통해 울긋불긋 물든 가을 풍경을 만끽함. 단풍잎을 주워 교실로 가져와 모양, 느낌, 색 등을 관찰하거나 탐색하고 신체활동으로 확장하여 놀이해 보는 시간을 가짐 • 교실 내 놀잇감을 통해서도 신체활동을 다양하게 유도해 볼 계획임
11월	움직이는 것이 재미있어요	• '움직이는 것이 재미있어요' 주제에서 '몸을 움직여요', '움직이게 할 수 있어요' 소주제 활동을 진행하며 영아들이 다양한 신체 움직임을 경험하고, 이와 관련된 다양한 어휘를 사용하여 표현하는 시간을 가짐. 활동을 진행하며 움직이는 놀잇감에 호기심을 갖고 움직여 자조 능력을 기르는 기회가 됨. 영아들이 다양한 활동을 하며 스스로 생각하고 의도한 대로 움직이기를 시도하였고, 놀잇감을 이용한 다양한 조작 운동을 경험해 눈과 손의 협응력을 통한 소근육, 대근육 활동에 긍정적인 영향을 미침. 성취감을 느끼고 자신감을 갖고 활동할 수 있도록 격려하며 다양한 활동을 제공해 줄 계획임 • 적극적인 배변훈련을 통해 대부분의 영아가 유아용 변기에서 배변활동을 경험하며 영아별 개인차를 고려한 배변훈련을 진행하고 있음. 12월에는 개별적으로 배변훈련을 하여 기저귀를 차지 않고 속옷을 입은 상태의 배변훈련을 진행할 계획임

3 보육교사가 되는 동기와 승진 절차

고등학교를 졸업하고 대학이나 전문대학에서 보육과, 유아교육과, 아동학과 등을 지원하는 학생의 성향을 보면 오래전부터 교사를 꿈꾸고 영유아들을 좋아했던 것으로 조사되었다. 고동섭(2001)의 연구를 살펴보면, '교사가 된 동기'가 다음과 같이 조사되었다. 너무 현실감이 없는 동기는 저자의 판단에 따라 일부 삭제하였음을 밝힌다.

- 어릴 적부터의 꿈: 69.35%
- 아이들이 좋아서: 20.16%
- 종교단체에서의 유치부 교사 경험: 6.45%
- 자격증을 딸 수 있어서: 2.41%
- 평생 직업으로 적절해서: 0.8%

또한, 이경민(2002)의 연구를 보면, '교사라는 직업이 다른 직업에 비해 갖는 장점'은 다음과 같다.

- 늘 순수한 아이들과 함께 생활한다: 50.97%
- 유아의 인격 형성에 영향을 미칠 수 있다: 7.72%
- 교육을 통해 보람을 느낄 수 있다: 3.38%
- 자녀 양육에 도움이 된다: 3.38%
- 늘 새롭다: 2.42%
- 성차별이 없다: 2.42%
- 본인의 인격 형성에 도움이 된다: 2.42%
- 존경받는 직업이다: 2.42%
- 창의적인 직업이다: 1.93%
- 기타(취업 용이, 유아 이해 도움): 1.44%

이러한 연구를 보면 교사는 기본적으로 영유아들을 좋아하고 자신의 적성에 맞기 때문에 교사직을 선택한 것으로 해석된다. 교사직은 가르치는 일과 돌봄의 양면을 이해하고, 보육의 대상인 영유아들의 요구를 고려하면서 최선의 것을 제공하기 위해 노력하는 직업이다.

보육교사는 어린이집에서 보육을 전문적으로 하는 교사이다. 보육교사의 직장인 어린이집은 설립인가 유형에 따라 민간(가정)어린이집, 국공립어린이집, 직장어린이집 등으로 분류되고 대상 연령과 특성에 따라 영아전담어린이집과 일반어린이집, 장애아통합어린이집과 장애아전담어린이집으로 분류하기도 한다.

어떤 경로로 취득하느냐에 따라 직급이 나뉘며 대학 졸업 시 2급, 교육훈련시설, 즉 보육교사교육원을 수료하면 3급 자격이 주어지고 보수교육을 통해 승진하는 시스템이다.

❶ 교육훈련시설(보육교사교육원) 수료

「영유아보육법」의 규정에 따라 고등학교 또는 이와 동등 이상의 학교를 졸업한 자로서 보건복지부령이 정하는 교육훈련시설에서 소정의 교육과정을 수료한 경우 보육교사 3급 자격증을 신청하여 발급받은 후 어린이집에서 보육교사로 근무할 수 있다.

❷ 전문대학 또는 이와 동등 이상의 학교 졸업

「고등교육법」에 의한 전문대학 또는 이와 동등 이상의 학교에서 보건복지부령이 정하는 보육 관련 교과목 및 학점을 이수하고 졸업한 경우 보육교사 2급 자격증을 신청하여 발급받은 후 어린이집에서 보육교사로 근무할 수 있다.

승진을 위한 보수교육이나 직무교육은 많은 기관에서 집합교육으로 시행되거나 사이버 교육의 형태로 제공된다.

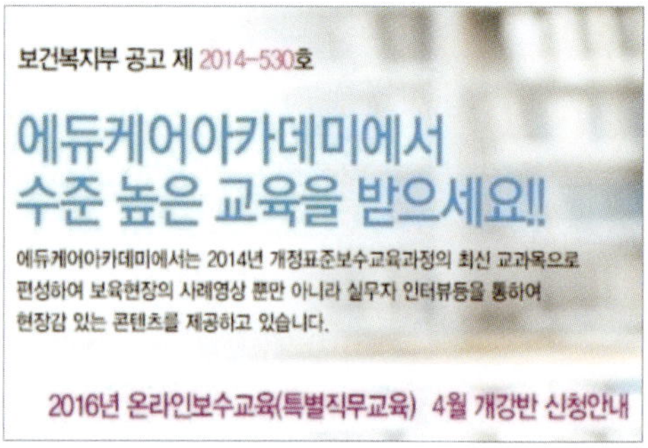

대표적인 사이버 보수교육 사례 - 삼성아동교육문화센터, 에듀케어아카데미

출처: 삼성아동교육문화센터 홈페이지; 에듀케어아카데미 홈페이지.

취득이나 승진에 관한 더 많은 정보는 한국보육진흥원(보육인력개발국)의 홈페이지를 참고해 보기를 바란다.

보육교사에게 사랑과 즐거움을 전하는 유아들

Chapter 3

영유아를 위한 인성교육

1 「인성교육진흥법」의 영향

우리나라는 「인성교육진흥법」을 제정한 세계 최초의 나라이다. 이 법은 2014년 12월 29일 국회를 통과해 2015년 1월 20일 공포되었다. 이 법안에 따라 전국의 초등, 중등학교는 인성교육 계획을 수립하고 교육과정을 운영해야 한다. 교사 역시 인성교육에 관한 연수를 의무적으로 받으며, 교원 양성과정에서 인성교육과 관련된 필수과목을 이수한다.

「인성교육진흥법」은 건전하고 올바른 인성을 갖춘 시민 육성을 목적으로 한다. 이 법에 명시된 인성교육의 정의는 "자신의 내면을 바르고 건전하게 가꾸며 타인, 공동체, 자연과 더불어 사는 데 필요한 인간다운 성품과 역량을 기르는 것을 목적으로 하는 교육"이다. 이 법에서 제시한 인성 덕목은 배려, 소통, 정직, 예절, 존중, 책임, 협동, 효 등이다.

교육부와 보건복지부가 각각 관장하고 있는 우리나라의 유치원과 어린이집은 누리과정을 함께 운영하고 있으며 인성교육의 방향도 함께 강조하고 있다.

- 2009년: 창의·인성 기본교육 방향 발표(교육인적자원부)[3)]
- 2010년: 창의·인성 교육을 유아교육의 핵심 목표로 제시하고 유아기 창의·인성 교육의 내실화를 위해 유아교육 선진화 계획 발표(교육과학기술부)
- 2011년: 만 5세 누리과정 도입과 함께 인성교육 실천을 강조하고 바른 인성 우수 유치원 및 어린이집 공모 및 운영(교육과학기술부, 보건복지부)
- 2013년: 만 3~5세 연령별 누리과정에서 기본 생활습관과 인성교육을 강조(교육부, 보건복지부)

이러한 국가 정책에 부응하여 지방자치단체에서는 영유아의 인성교육을 위한 공모전을 실시하고 우수 프로그램을 현장에 보급하기도 한다.

3) '교육부'의 명칭은 '문교부(1948년) → 교육부(1990년) → 교육인적자원부(2001년) → 교육과학기술부(2008년) → 교육부(2013년)'로 변경되었다.

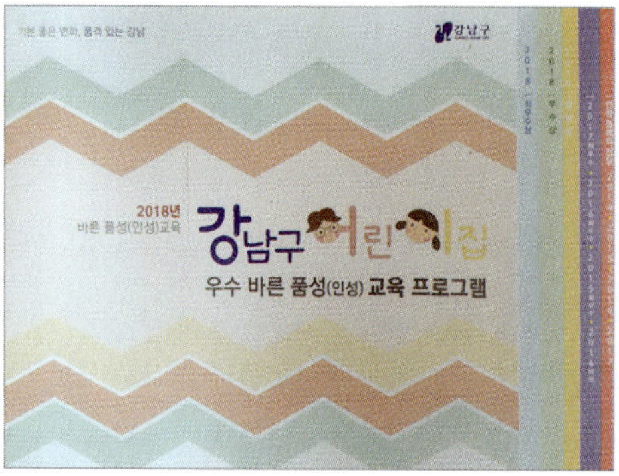

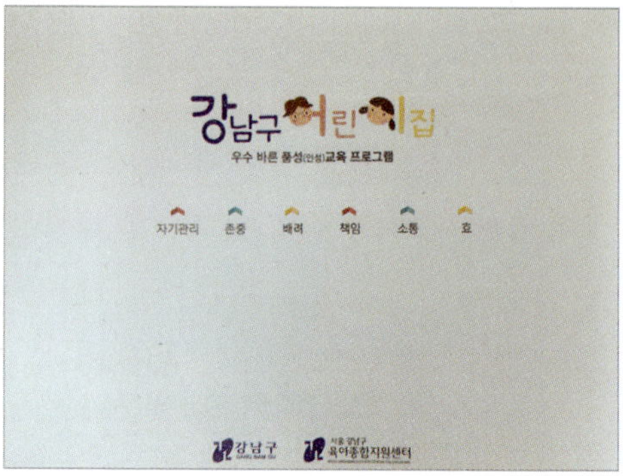

서울특별시 강남구의 인성교육 공모전과 보급 자료

* 이 자료에서는 영유아의 인성교육 덕목을 자기관리, 존중, 배려, 책임, 소통, 효로 명시하고 있다.

2 어린이집 수업의 인성교육

유치원과 어린이집은 '유치원 기본과정 내실화를 위한 인성교육 프로그램'(교육과학기술부, 2011)에서 제시한 내용에 근거하여 배려, 존중, 협력, 나눔, 질서, 효의 6개 인성교육의 덕목을 생활주제에 맞춰 일과에서 다루며, 이때 다양한 도서와 자료를 참고하여 자체적으로 계획안을 작성한다.

어린이집은 표준보육과정과 누리과정의 기본적인 내용을 토대로 한 연령별 일과를 진행할 때 인성교육을 포함하고 있다. 국가 수준의 두 과정은 유사한 목표와 내용으로 유치원과 어린이집 영유아의 일상에 적용된다. 또한, 구성 방향에서도 인성을 강조하고 있다.

인성교육은 기본적인 인간성, 즉 자질과 태도를 배양시키는 교육이다. 사람을 사람답게 교육하고 보호한다는 측면에서 그 범위가 넓다. 어린이집에서는 기본 생활습관 형성이 중요하고 또래를 비롯한 타인과 살아가는 과정에 필요한 자질과 태도를 길러 주는 것으로 정리해 볼 수 있다.

최근에는 누리과정과 연계하여 교육에 활용할 수 있는 교재·교구들을 쉽게 찾아볼 수 있다. 어린이집이나 유치원의 연간계획안에 따라 납품되는 상품이 개발되고 있다.

우리나라 교재·교구 회사인 키즈엠이 개발한 인성교육 프로그램에는 누리과정에서 강조하는 여섯 가지 인성 요소인 배려, 존중, 협력, 나눔, 질서, 효를 바탕으로 세 가지 영역의 소주제를 연령별 연간계획안에 편성하고 있다.

- 개인 영역: 자기 긍정, 자기 주도
- 대인 영역: 타인 존중, 타인 배려
- 사회 영역: 녹색 성장, 세계 시민

인성교육 자료를 개발하고 교육 자료를 지원하는 키즈엠의 상품

국내의 연구(김은성·최은영·조아라, 2013)는 인성교육의 방법을 가본적인 가치와 도덕의 지도, 행동규칙이나 공중도덕 준수 등의 지도, 도덕적 교육을 주는 이야기 또는 책 읽기, 바람직한 행동의 모범 보이기, 역사나 문학 혹은 종교 속의 위인 이야기 들려주기, 타인을 위한 봉사의 기회 마련 등의 사례를 보여 준다.

'누리과정 인성'을 검색하여 많은 동영상이나 동화를 찾아보고 어린이집의 인성교육의 내용을 구체적으로 학습해 보기를 바란다.

Chapter 4

어린이집의 일정과 보육교사 역할

1 연간 일정

보육교사 자격을 취득하는 과정의 여러 교과목에서는 각 학급의 수업을 위한 연간, 월간, 주간, 일일 계획을 작성하고 실행 및 평가하는 과정을 공부한다. 보육교사는 자신의 학급 수업뿐만이 아니라 어린이집의 연간 일정에 행사나 현장학습 등에서 역할을 부여받아 수행하게 되며, 자신의 업무에 책임감을 가지고 임한다. 어린이집의 연간 일정 사례를 참고하여 어떤 업무들이 필요한지 짐작해 볼 수 있다.

20 년 ○○○어린이집 연간 일정

월	행사 · 지역사회 연계 · 교사교육			
	영유아	부모	교사	어린이집 환경
3월	• 신입 적응 프로그램 • 소방기초훈련	• 1차 운영위원회	• 교직원 건강검진 • 소방기초훈련 • 신입교사 오리엔테이션 • 전 직원 범죄 조회 • 사이버 안전교육	• 봄 데커레이션 • 세스코 방역
4월	• 봄 소풍(유아반) • 소방대피훈련 및 안전교육 • 발달평가 • 영유아 체격검사	• 1학기 부모상담 • 구충제 복용 안내	• 교사교육 • 교직원 MT • 교직원 건강진단	• 엘림소독 방역 • 세스코 방역 • 에어컨 필터 청소
5월	• 어린이날 행사(가족음악회) • 현장학습(유아반) • 소방대피훈련 및 안전교육	• 개원기념일	• 스승의 날	• 결산서 제출 • 세스코 방역
6월	• 현장학습(유아반) • 소방대피훈련 및 안전교육 • 영유아 체격검사/발달평가	• 2차 운영위원회	• 교사교육	• 여름 데커레이션 • 엘림소독 방역 • 세스코 방역 • 가스 안전점검
7월	• 소방대피훈련 및 안전교육 • 부모 참여수업		• 승급자 확인 • 교사교육 • 교직원 휴가기간	• 세스코 방역 • 공기질 측정

월	행사 · 지역사회 연계 · 교사교육			
	영유아	부모	교사	어린이집 환경
8월	• 졸업생 홈커밍데이 • 소방대피훈련 및 안전교육	• 교직원 상반기 평가 및 신학기 준비	• 교사교육 • 교직원 휴가기간	• 엘림소독 방역 • 세스코 방역
9월	• 소방대피훈련 및 안전교육 • 영유아 체격검사/발달평가 • ㅁㅁ반 졸업사진 촬영 • ㅁㅁ반 우쿨렐레 시작 • 부모 참여 행사	• 3차 운영위원회	• 교직원 건강진단	• 가을 데커레이션 • 세스코 방역
10월	• 영유아 가을소풍 • 소방대피훈련 및 안전교육			• 엘림소독 방역 • 세스코 방역
11월	• 소방대피훈련 및 안전교육 • 발달검사 • 졸업여행 • ㅁㅁ반 바자회	• 2학기 부모상담 • 원아모집 안내	• 교사교육	• 세스코 방역
12월	• 산타 행사/뮤지컬 관람 • 소방대피훈련 및 안전교육 • 영유아 체격검사/발달평가 • 김장 담그기 체험	• 4차 운영위원회 • 특별활동 만족도 조사	• 교직원 하반기 평가 및 송년회 • 종무식	• 겨울 데커레이션 • 엘림소독 방역 • 세스코 방역
1월	• 소방대피훈련 및 안전교육 • 발달검사		• 교직원 휴가기간 • 시무식	• 세스코 방역
2월	• 소방대피훈련 및 안전교육	• 졸업식 및 수료식 • 신입생 오리엔테이션 • 5차 운영위원회	• 신학기 준비 • 교사교육(신학기 준비를 위한 협의안 제출)	• 엘림소독 방역 • 세스코 방역

일반적으로 어린이집의 운영 안내서에는 다음과 같은 내용이 포함된다. 이러한 특성과 함께 보육교사의 생활도 유추해 볼 수 있다. 부모에게 보내는 협조 사항도 참고해 보기를 바란다.

차례

- 어린이집이나 담임 선생님께 연락할 사항이나 문의할 사항이 있으실 경우 전화(7755-7755)를 통해 알려 주시기를 바랍니다.
- 어린이집에서 협조할 사항이 있으면 언제든지 연락해 주시고, 어린이집에서 요청을 드릴 때 부모님께서 적극적으로 협조해 주셔서 어린이집 교육이 원활히 이루어질 수 있게 도와주시기를 바랍니다.
- 어린이집에서 어떻게 지내는지 궁금하거나 의논할 일이 있을 때는 오후 5시 이후로 시간을 약속해 주시고, 방문하시면 20~30분 정도 시간을 내어 기꺼이 상담해 드리겠습니다.
- 담임 선생님께 전달할 사항이 있으신 경우에는 현관의 인터폰이나 사무실을 통해 알려 주시고, 전화를 이용할 경우 낮잠 시간 또는 오후 5시 이후에 연락해 주시기를 바랍니다.
- 늦잠을 자거나 잠이 부족하면 노는 것, 생각하는 것에 의욕이 없어집니다. 그러므로 일찍 자고 일찍 일어나는 습관을 길러 주시기를 바랍니다.
- 아침에 일어나면 반드시 용변을 보는 습관을 길러 주세요.
- 어린이가 할 수 있는 일은 스스로 하게 해 주세요.
  - 식사하기, 옷 입고 벗기, 세수하기, 이 닦기, 신발 신고 벗기, 실내에서 바르게 걸어 다니기, 실내에서 뛰지 않기, 책상이나 높은 곳에 올라가지 않기 등
- 자기 의사를 똑바로 말할 수 있게 지도해 주세요.
  - 아침 인사, 작별 인사, 감사 인사 등 간단한 인사를 할 수 있도록 지도해 주시고, 자기 이름을 똑똑히 말하고 이름을 부르면 '네' 하고 대답할 수 있게 도와주세요.
- 어린이집은 친구들과 함께 생활하는 곳이므로 서로 나누고 도와야 함을 알려 주시고 어린이집의 모든 시설을 아끼고 소중히 다뤄야 함을 알려 주세요.
- 귀가 후에는 먼저 깨끗이 씻도록 지도해 주세요.
- 어린이집에서 생활한 것을 즐겁게 이야기하도록 격려해 주시고, 교육적인 질문을 해 주십시오.
  - 오늘은 무엇을 배웠니?: 어린이는 통합적으로 이루어지는 여러 가지 내용을 말하는 것에 부담을 느끼게 됩니다.
  - 오늘 즐겁게 지냈니?, 무슨 놀잇감을 가지고 놀았어?, 선생님께 무엇을 물어보았니?, 오늘은 뭘 먹었니?: 이렇게 구체적으로 물어보는 것이 바람직합니다.
- '너 그러면 선생님께 혼나.', '선생님께 이른다.'라는 말로 어린이를 위협하지 말아 주세요. 그러면 선생님이 무서운 존재로 부각되어 급해도 선생님에게 말하는 것을 두려워하고 옷에 실수하기도 합니다.
- 어린이가 자기 소유물, 장난감 등을 어린이집에 가지고 오지 않도록 지도해 주십시오. 어린이들이 그것에만 관심을 두기 때문에 다른 활동에 흥미를 갖지 못합니다.

다음은 1년 동안의 어린이집 행사와 현장학습의 모습을 사진으로 정리한 자료이다. 다양한 어린이집 현장의 사례를 살펴보도록 한다.

신입 원아 적응 프로그램

작품 전시회

부모 일일 교사

부모 참여수업

부모 자원봉사 청소

성폭력 예방교육

가족 참여수업

현장학습 부모도우미

나눔의 바자회

일일 산타 부모 자원봉사

초등학교 연계를 위한 부모교육

부모 오리엔테이션

부모 관련 일정

어린이집 행사 - 어린이날, 개원기념일, 송년행사

현장학습 – 송어 잡기, 숲 관찰, 딸기 따기, 실내 놀이터

• 이 어린이집의 경우 어린이집 외부 활동에는 단체 안전조끼 착용

교실 외 바깥 놀이 활동 - 수업주제 관련 동네 돌아보기와 관련 활동

화재와 지진을 대비한 재난대피훈련

지역사회 연계활동 – 개원기념일, 경로당 방문, 방문교육, 방문공연

지역사회 연계활동 참여 – 각종 대회 참여 지도와 수상, 주민지원센터 방문

2 하루 일과

1) 일과 순서 고려 사항

보육교사 양성과정에서 현장 실습이나 관찰학습을 통해 어린이집의 일과를 체험하고 학습하지만, 담임교사라는 책임이 주어진 상태에서 일과를 끌어가는 일은 아주 큰 과업으로 다가온다. 하루 일과를 위해 활동의 순서를 결정할 때는 다음과 같은 상황을 고려한다.

❶ 교실 및 실외 놀이터의 공간 크기

계획하는 활동을 위한 공간이 충분한지 점검한다.

❷ 기관 전체의 학급 수와 공용 공간 활용 여부

바깥 놀이터나 유희실, 식당과 같은 공용 공간에서 다른 학급과 갈등이 발생하지 않도록 각 학급의 활용 시간을 파악한다.

❸ 도와줄 수 있는 성인의 수

안전 지도가 필요한 활동, 성인의 도움이 필요한 활동은 도움을 요청할 수 있는 성인을 확보한 후 계획한다.

❹ 동적인 활동과 정적인 활동의 교차

신체 리듬을 스스로 조절하지 못하는 영유아들에게는 동적인 활동과 정적인 활동을 교차하면서 진행해 준다. 동적인 활동만 반복하면 체력이 쉽게 소진되며 들뜨기 쉽고, 정적인 활동만 반복하면 흥미를 잃고 지루해할 수 있다.

❺ 상호작용의 균형

소집단 영유아와 교사, 대집단 영유아와 교사, 영유아와 영유아, 영유아와 교재·교구 사이에 다양한 상호작용이 일어나도록 계획한다.

❻ 실내, 실외, 현장학습 등 다양한 환경에서의 활동 계획

다양하고 구체적인 경험을 위해 장소와 학습 유형도 다양하게 계획한다. 영유아가 기관에 머무는 시간이 많을수록 바깥의 신선한 공기와 접할 수 있는 활동을 계획한다.

2) 활동 유형별 지도법

(1) 대집단 활동

대집단 활동은 유아의 집단 전체가 일정한 장소에 모여서 전개하는 활동이다. 영아반(만 1·2세)의 수업은 개별 및 소집단의 형태로 진행하며, 유아반(만 3·4·5세)에서는 대집단 활동이 이루어진다. 대집단으로 진행되는 활동은 이야기 나누기, 동화 듣기, 노래 배우기, 동작 활동, 동시 감상, 게임 등이며, 다 함께 주의를 집중하는 가운데 진행한다.

❶ 준비

집단활동이 시작되기 전에 다음과 같은 사항을 준비한다.

- 일과 중 자유선택활동과 같은 개별 또는 소집단 활동 사이에 대집단 활동을 계획한다. 주의집중 시간이 짧은 유아를 대상으로 연속적인 대집단 활동을 할 경우 효과를 얻기 어려우며 산만해지는 유아를 통제하기 어렵다.
- 유아들의 주의가 집중될 수 있는 위치에 대집단 활동의 장소를 정한다. 공간이 충분하지 않은 교실에서는 쌓기놀이 영역과 같이 카펫이 깔린 공간을 사용하기도 한다. 출입문을 마주 보거나 태양의 직사광선을 마주 보는 위치는 피하는 것이 좋다.
- 유아의 연령이나 이해 정도를 고려하여 활동을 계획한다.
- 다양한 매체를 사용하여 대집단 활동의 진행 방법에 변화를 준다. 항상 같은 교수법이나 매체는 유아의 흥미를 끌지 못한다.

❷ 전개

- 교사는 모든 유아의 반응이 보이고 유아들도 모두 교사의 표정을 볼 수 있는 곳에 자리 잡는다. 유아의 눈높이를 고려하여 낮은 의자에 앉는 방법을 많이 사용한다.
- 유아들이 집단으로 모이기 시작하면 재미있는 손유희나 노래 같은 방법으로 주의를 집중시킨다.
- 준비한 매체를 이용하여 대집단 활동을 진행한다.

- 유아들이 집단활동에 계속 참여하고 주의를 집중하는 방법을 사용한다.
- 일부 유아의 행동이 수업의 진행에 방해가 되면 신속하게 다루고 넘어간다.
- 진행된 활동에 관해 유아들과 함께 평가한다.

집단활동은 사전에 교사가 어떤 주제로 활동할지, 어떤 교수매체가 필요한지, 집단의 크기는 어느 정도인지 등을 고려하여 결정하게 된다. 집단활동 시간은 10~15분이 적당하며, 20분 이상 진행하지 않는다. 소심하거나 수줍음이 많은 유아는 집단활동을 부담스러워할 수 있으므로 천천히 집단활동에 참여하도록 기다린다.

대집단 활동은 대체로 출석 사항 파악, 영상 시청, 이야기 나누기, 새 노래 배우기, 동화 듣기, 음률활동, 미술활동, 동극, 요리, 음악 감상, 동시 짓기 활동에서 이용할 수 있다. 유아의 연령, 주제, 활동의 종류와 계획에 따라 융통성 있게 대집단 또는 소집단으로 집단의 크기를 결정한다.

대집단 활동의 모습

(2) 등원 및 맞이하기

어린이집의 등원은 하루 생활이 시작되는 시간이며, 교사가 반갑게 맞아 주는 가운데 여러 가지 측면의 관찰이 실시된다. 교사는 영유아들이 정서적으로 안정된 상태에서 활기차게 하루 생활을 할 수 있도록 심리상태를 살피고 배려해 줘야 한다. 교사는 간단한 관찰과 함께 영유아가 교실에 들어가는 것을 도와준다.

- 눈높이에서 맞이한다.
- 부모와 대화하면서 영유아의 상태를 파악한다.
- 부모가 떠날 때 명확하게 인사를 하고 헤어지는 절차를 돕는다.
- 긍정적인 부분을 강조하고 친밀한 분위기를 만드는 데 노력한다.
- 스스로 옷을 벗어서 걸기 등 자조 기술을 지원한다.
- 읽기 능력의 기회를 지원한다. 유아들의 이름과 사진이 있는 사물함을 찾아보도록 격려한다.
- 흥미 영역을 선택하여 놀이하도록 돕는다.

등원 시간은 영유아를 어린이집에 데려다주는 부모와의 의사소통이 이루어지는 중요한 시간이므로 부모의 이야기를 경청하여 영유아의 기분과 건강상태를 잘 파악한 상태에서 하루를 시작하는 것이 좋다. 몸이 아픈 영유아가 약을 먹어야 할 경우에는 반드시 부모가 작성한 투약의뢰서에 따라 정확한 분량과 시간을 지켜서 투약한다.

교사는 투약할 때 다음과 같은 사항에 유의한다.

- 영유아 이름, 반 이름, 생년월일, 증상, 약의 용량, 약의 종류, 투약 시간, 보호자 서명을 기록하는 투약의뢰서를 비치하고, 의뢰된 영유아에 한하여 투약한다.
- 약 봉지에 있는 이름과 증상을 확인하고 정확한 방법으로 정확한 용량을 투약한다.
- 날짜와 시간을 확인하고 기록된 시간을 정확하게 지켜서 투약한다.
- 앉은 자세에서 투약한다. 기도가 막힐 우려가 있으므로 누운 자세에서 투약하지 않는다.

- 물약은 흔들어서 투약한다.
- 남은 약은 버리지 말고 부모에게 되돌려 준다.

영유아의 등원을 반기는 출입문의 문구

(3) 자유선택활동

실내 자유선택활동은 하루 일과 중 많은 시간이 할애되는 중요한 활동이다. 특히 연령이 어릴수록 집단활동보다는 개별적인 놀이가 많으므로 실내 자유선택활동의 비중이 크다. 흥미 영역의 구성은 어린이집의 철학, 표준보육과정과 누리과정의 연령별 내용, 영유아의 연령, 지역사회의 특징과 여건 등에 따라 각각 다르게 설치된다.

유아반에서는 자유선택활동을 시작하기 전에 유아들과 함께 계획하는 시간을 마련한다. 흥미 영역별로 준비된 활동과 방법, 각 활동에 참여할 수 있는 인원수 등을 전체적으로 소개해 주고 어떤 놀이부터 하고 싶은지 생각해 보게 한다. 예를 들어, 교사는 "오늘은 각 영역에서 어떤 놀이를 할 수 있을까?"라고 질문하여 교실 전체에 관해 설명해 준다. "각자 어떤 놀이를 하고 싶은지 생각해 보자."라고 말한 후, 한 영역에만 유아가 몰리지 않도록 인원을 조절해 주면서 갈등이 일어나지 않도록 한다.

계획과정을 통해 선택된 영역별 놀이가 이루어지면, 교사는 각 영유아가 골고루 놀이에 참여하는지, 준비된 놀잇감을 잘 활용하고 있는지, 놀이에 참여하지 않고 배회하는 유아는 없는지 살펴본다.

어린이집의 바깥 놀이터는 실내 놀이의 연장으로 영유아들에게 도전하는 기회가 되도록 단순한 놀이보다는 다양한 놀이 유형이 나타날 수 있도록 준비해 준다. 실외 놀이공간 구성은 실내 놀이공간과 마찬가지로 정적인 활동과 동적인 활동으로 구분하여 배치한다.

각 영역의 활동이 끝난 후에는 평가하는 시간을 갖는다. 어떤 놀이가 가장 재미있었는지, 놀이하면서 속상한 일은 없었는지 평가하고 토의하는 과정에서 새로운 놀이에 관한 아이디어가 생길 수 있다. 교사는 이러한 평가 시간을 통하여 다음 놀이를 위해 어떤 것을 수정하고 보완하여 지도할 것인지 파악하고 적용한다.

각 흥미 영역에서 자유선택활동 중인 영유아들

(4) 급간식 지도

영유아기는 일생의 성장·발달에 결정적인 영향을 미치는 식습관이 형성되는 시기이므로 적합한 지도가 이루어져야 한다. 어린이집에서는 1회 식사와 오전과 오후에 각 1회씩, 2회의 간식을 제공한다. 간식은 영유아가 원하는 시간에 개별적으로 먹고 정리하는 자유 방식과 전체 유아가 정해진 시간에 먹는 방법이 있다. 점심은 각 교실에서 학급별로 식사하거나 식당으로 이동하여 식사한다. 영유아가 사용하기에 적당한 식기와 도구를 제공하고, 너무 오랫동안 음식을 기다리지 않도록 한다.

급간식 시간은 쾌적하고 편안한 환경을 제공하여 즐겁게 식사하도록 운영하며, 다음과 같은 사항을 고려한다.

- 음식을 먹는 활동은 조용한 활동 후에 계획한다.
- 식사하는 동안은 조용하고 잔잔한 음악을 들려준다.
- 식사하기 전에는 반드시 손을 씻는다.
- 새로운 음식을 맛보도록 격려해 주지만 강하게 거부하는 음식은 억지로 먹이지 않는다.

연령별 적정 배식량 안내표

출처: 식품의약품안전처.

(5) 낮잠(휴식)

영유아들은 잠시도 가만히 있지 않고 놀이에 몰두하기 때문에 쉽게 피로해지지만, 스스로 신체 리듬을 조절하면서 휴식을 취하기 어렵다. 교사는 계획에 따라 피로와 긴장을 풀어 주는 시간을 마련해 준다.

낮잠 시간에는 교실의 환경을 편안하고 가정적인 분위기로 조정하여 안정감을 느끼며 잘 수 있게 한다. 교사는 낮잠 시간 전에 대소변보기, 손 씻기, 양치질하기를 개인별로 상호작용하면서 지도한다.

영아가 배가 고프거나 기저귀가 불편하여 수면 중에 깨지 않도록 한다. 잠투정이 심한 영아는 부드럽게 안아 주고 침착해지도록 낮은 목소리로 자장가를 불러 주거나 등을 토닥거려 다른 영아와 서로 방해받지 않고 잠을 청하도록 도와준다. 먼저 깬 영아는 놀라지 않게 달래 주고, 기저귀를 갈아 준다.

낮잠 시간 운영을 위해 고려할 사항은 다음과 같다.

- 가능하면 잠옷으로 갈아입히고 두꺼운 겉옷을 벗고 편안하게 잠들게 한다.
- 안정감을 주기 위해 커튼, 블라인드를 이용하여 교실의 분위기를 어둡게 만든다.
- 조용한 음악을 들려준다.
- 책을 읽어 주거나 부드러운 인형을 옆에 두는 방법으로 휴식하면서 잠들게 한다.
- 너무 덥거나 춥지 않은 쾌적한 온도를 유지한다.
- 낮잠 시간은 매일 같은 시간대로 계획한다.
- 부모를 통하여 특별한 수면 습관이 있는지 조사하여 배려한다.
- 침구는 개별로 준비하여 위생 관리를 청결하게 한다.
- 낮잠 자는 방은 따로 마련해 주는 것이 좋지만, 공간이 부족할 경우 최대한 아늑한 교실 분위기를 만든다.
- 낮잠용 침구는 가능하면 매일 같은 위치에 놓아 주어 자기 잠자리에 안정감을 느끼게 한다.
- 침구 사이 간격을 50cm 정도 확보하고 서로 방해받지 않고 잠들게 한다.
- 낮잠을 자지 않으려는 영유아에게는 조용한 활동을 유도하여 잠자는 영유아를 방해하지 않도록 배려한다.
- 낮잠 시간에 교사는 반드시 영유아들을 지켜보고 갑자기 깨어나면 보살펴준다.
- 서서히 조명을 밝게 하거나 음악을 경쾌한 것으로 바꿔 틀어 주면서 서서히 깰 수 있게 한다.
- 잠자리를 정리하고 옷을 갈아입은 후 화장실에 다녀와서 다음 활동을 준비한다.

(6) 배변 학습

우리나라의 어린이집은 출생 후 3개월부터 입소가 가능한 기관이기 때문에 기저귀를 차고 있는 영아가 많다. 따라서 대소변 훈련과 같은 배변 학습에서 교사의 역할이 크다. 대소변 훈련 시에 주 양육자의 방식은 평생의 성격과 위생 관념에 많은 영향을 미친다. 교사는 엄마와 같은 사랑으로 배려하면서 영유아가 편안한 가운데 대소변 처리를 배우도록 보육에 임한다.

영아는 하루에 여러 번 기저귀를 갈아야 하므로 기저귀를 가는 공간의 사용 빈도가 높다. 단순히 기저귀를 가는 곳이 아닌 즐거움을 주는 공간으로 구성한다. 모빌과 전신 거울을 부착하여 영아들을 편안하고 즐겁게 해 준다.

기저귀대 아래에 서랍을 배치하고 기저귀 용품(물휴지, 종이타월, 바닥에 까는 종이, 파우더 등)을 보관한다. 영아마다 개인장이 있어 다른 영아의 기저귀와 섞이지 않게 한다. 또한, 교사가 기저귀를 간 후 손을 씻을 수 있는 세면대나 싱크대를 근처에 배치한다.

기저귀를 가는 동안 교사는 물품을 가지러 다른 곳에 가지 않는다. 연령이 낮을수록 수시로 기저귀를 갈아 주고, 갈아 주는 동안에 영아와 일대일 상호작용하면서 다리를 마사지해 주거나, 이야기하거나, 반복적인 노래를 들려주어 기저귀 가는 것이 즐거운 일과임을 인식시켜 준다.

기저귀를 버리는 통은 발로 열 수 있는 것을 사용한다. 매일 서너 차례 환기하고 기저귀통을 비운다.

막 배변훈련을 시작한 영아는 화장실이 두려울 수 있으므로 영아용 간이변기를 교실 입구 쪽이나 화장실과 가까운 곳에 배치한다. 영아가 사용한 직후 치우며, 항상 변기를 청결하게 관리하여 위생에 신경 쓴다.

배변훈련은 보통 18~24개월 무렵에 가능해지지만, 개인차를 고려하여 영아가 충분히 준비되었을 때 시작하고 가정의 훈련과 보조를 맞춘다. 배변훈련 중인 영아는 특별히 교사의 관심과 주의가 필요하다. 영아가 소변이 마려울 것 같으면 하루에 2회 정도 변기에 앉혀 본다. 영아가 변기에 앉을 때 칭찬해 주거나 간단한 동요를 불러 주는 방법을 사용하여 즐거운 마음으로 변기에 앉는 습관을 길러 준다. 영아가 배변훈련에 적극적이고 성공했을 때는 많이 칭찬해 주고 격려해 준다. 영아가 변기에 앉는 것에 심한 거부 반응을 보이면 꾸짖거나 위협하지 말고, 어느 정도 시간이 지난 후 다시 시작한다.

대소변을 도와준 후 교사는 꼭 손을 씻는 모습을 보여 영아에게 모범이 되어야 하며, 영아도 배변이나 실외 놀이 후, 간식 직후에 손을 씻게 한다.

배변훈련을 끝낸 영아는 배설의 생리적 욕구를 해결하기 위해 화장실을 찾는데, 화장실의 변기는 영아용을 준비한다. 화장실은 조명을 밝게 하고 항상 환기하며, 깨끗하고 청결하게 관리한다. 남자 소변기 앞에는 바른 위치를 찾을 수 있도록 발바닥 그림을 그려 준다.

3 어린이집에 필요한 업무 습관

어린이집은 회사나 학교 같은 유형의 직장과 다른 점이 많다. 다른 직장에서는 당연한 권리인 점심시간의 휴식도 불가능하다. 식사 지도와 양치 지도, 낮잠 재우기 등으로 이어지는 과정에서 교사의 책임이 따르기 때문이다. 수업을 진행하면서 식사, 낮잠, 씻기, 학급 공간의 청결 관리, 주제에 맞는 환경 구성, 관련 서류의 작성, 학부모와의 교류를 위한 알림장 쓰기 등 많은 일이 매일 반복적으로 이루어진다. 이러한 직업의 특성 때문에 시간 관리를 잘하지 못하면 늘 일이 밀리고, 그 결과 부족한 시간과 과다한 업무 적체로 스트레스에 시달리게 된다.

직장이 우리에게 요구하는 업무량은 결코 줄어들지 않는다. 많은 직장이 적은 인원으로 최대의 효과를 보기를 바라기 때문이다. 보육교사는 자신의 학급 관리뿐만이 아니라 어린이집의 전체 업무 중 일부를 분장받아 수행하므로 업무가 과다하다고 느끼며 일하는 경우가 많다.

다양한 업무를 처리하기 위해 '멀티플레이어'[4)]가 되어야 한다. 혹자는 보육교사의 업무에 대해 1인 5역으로 표현하기도 한다. 교육활동, 교육활동에 필요한 자료의 확보나 제작, 영유아의 보호, 환경 구성과 청결 관리, 전체 업무 및 관련 문서의 작성, 영유아를 위한 수업과 기타 업무 등 다양하다. 업무를 세분하여 나열해 보면 1인 5역이 아니라 1인 100역이 될지도 모른다. 그러나 항상 활동적인 일과를 보내기 때문에 지루하지 않고, 수치로 나타나는 실적을 남기기 위해 치열하게 경쟁하지 않는다는 측면이 있다. 교사의 사랑과 노력으로 나날이 발전하는 영유아들의 모습에 보람과 사명감을 느끼면서 행복해지는 직업이다.

어린이집에서 생활하는 가운데 유능한 교사가 되기 위한 노력은 다방면으로 이루어져야 한다. 다음의 내용은 저자가 어린이집의 원장으로 재직하면서 많은 업무를 동시에 해결했던 경험과 여러 교사의 업무수행 방식을 관찰하고 지도하는 가운데 얻어낸 효율적인 업무습관을 정리한 것이다. 보육교사에게 필요한 업무습관으로 참고해 보기를 바란다.

- 목표를 수립하면 달성하기 위해 노력한다.
- 실행 가능한 목표를 정한다.
- 시간을 효율적으로 관리한다.
- 해결해야 할 일이 많을수록 느긋하게 처리해 간다.
- 관련성이 있는 업무는 하나로 묶어서 같은 시간대에 해결한다.
- 직장에서의 업무와 사생활을 구분한다.
- 퇴근하면서 모두 정리한다.
- 귀가 후에는 내일의 일과에 적합한 의상을 준비하여 걸어 둔다.
- 수시로 정리·정돈을 잘해야 한다.

어린이집의 수업은 주로 구체물을 매개체로 하는 놀이의 형태로 이루어지기 때문에 항상 다양한 교재·교구와 물품으로 넘쳐난다. 수업 자료 못지않게 교사의 소지품과 주변 정리도 신경을 써야 할 부분이다. 공용 공간인 교사실이나 자료실은 사용한 후 청결

---

4) multiplayer. 한 가지가 아닌 여러 가지의 분야에 대한 지식과 능력을 갖추고 있는 사람

하고 깔끔하게 정리·정돈한다. 사용한 물건이나 자료, 서류 등을 제자리에 정리하여 다른 교사의 수업이나 업무에 지장을 주지 않는다. 특히 교사 개인의 책상은 단정하게 정리하고 퇴근할 것을 권한다.

케네스 지글러(2008)가 말하는 정리법을 기초로 어린이집에서의 책상 정리 요령을 요약하면 다음과 같다.

- 서류철이 없어도 주간계획표나 달력을 통해 필요한 업무를 확인할 수 있게 한다.
- 서류함에서 필요한 서류철을 신속하게 찾을 수 있도록 라벨을 붙이고 정리해 둔다. 종료된 일의 서류와 예정된 일의 서류를 분류하여 정리한다.
- 어지러운 책상을 정돈하는 기본 방침을 갖는다.
  - 책상 위의 모든 것을 치운다.
  - 펜, 연필, 종이, 집게 등의 수를 줄인다.
  - 사무용품이나 개인 소지품은 범주를 정하여 서랍을 분류한다.
  - 출처를 모르는 물건이 나오면 주인을 찾아주거나 버린다.
- 몇 가지 물건은 다시 가져다 놓지 않는다.
  - 필기도구, 서류철함, 탁상 달력 등은 항상 있어야 하지만 개인 사진, 사탕, 필요 이상의 서류함, 필기도구가 꽂힌 여러 개의 꽂이 등은 집중력에 방해가 될 수 있다.
- 퇴근할 때는 주간계획안과 내일의 계획표만 남겨 둔다. 아침에 도착한 즉시 업무를 시작할 수 있으며 개인적이고 민감한 서류들을 보호할 수 있다.

Chapter 5
채용과정과 고용계약

1 보육교사 채용의 기준

모든 교직원이 한 방향으로 일할 수 있는 분위기는 많은 업무를 수월하게 한다. 인성과 실력, 제반 조건들이 기관에 적합한 교사를 선발하는 일은 모든 어린이집의 가장 중요한 과업일 것이다. 대부분의 기관은 자신의 상황에 필요한 인재 조건을 미리 설정해 보고 적정한 채용 절차를 통하여 필요한 사람을 선발한다. 운영의 경험이 많은 원장일수록 '인사가 만사'라는 문구에 동의한다. 저자의 지인인 한 원장은 교사를 선발할 때 반드시 원장 자신의 사주팔자와 합(合)이 들어 있는지 철학관을 찾는 선발법을 사용한다. 우리나라의 모 기업에서 운영하는 어린이집 교직원 채용 절차에는 MMPI(Minnesota Multiphasic Personality Inventory)라는 인성검사의 과정이 포함되어 있다. 교직원의 구성과 역할이 운영의 성패를 좌우할 만큼 채용은 신중하게 이루어진다.

보건복지부(2019, pp. 175-217)의 「2019 보육사업안내」 지침에 따르면 보육교사 채용에 관한 사항은 다음과 같다.

- 보육교사는 원장의 제청으로 법인·단체의 대표자 또는 어린이집 설치자가 임면
- 보육교사 국가자격증을 발급받은 자를 채용해야 하며 국가자격증 발급 여부는 보육통합시스템에서 보육교직원 등록 시 조회 가능
- 국가나 지방자치단체로부터 보육교직원의 인건비를 보조받는 어린이집의 경우 공개경쟁을 통한 채용 원칙
- 보육교사 채용 시 임금, 근로 시간 및 그 밖의 근로 조건 등을 명시한 근로계약 체결
- 보육교사 채용 시 확인하고 보관해야 하는 서류는 인사기록카드, 주민등록등본, 채용신체검사서, 건강진단서(보건소), 보육교사 국가자격증 사본, 범죄경력회보서[5], 개인정보 제공 및 고유 식별정보 처리 동의서

5) 임면권자는 경찰서를 방문하거나 '범죄경력회보서발급시스템'을 통해 성범죄와 아동학대 전력을 조회하며, 범죄전력자의 어린이집 취업은 불가하다.

- 채용 결격 사유 대상은 미성년자, 파산 선고를 받고 복권되지 아니한 사람, 금고[6] 이상의 실형을 선고받고 그 집행이 종료되거나 집행이 면제된 날부터 5년이 경과되지 아니한 사람, 금고 이상의 형의 집행유예를 선고받고 그 유예기간 중인 사람
- 보육교사는 다른 업무를 겸임할 수 없는 전임으로 근무 시간 동안 어린이집에 상주하며 직무에 종사해야 하고 외출의 경우 근무상황부에 증빙서류를 첨부하여 기록관리
- 보육교사 자격 정지 개별 기준
  - 영유아에게 중대한 생명·신체 또는 정신적 손해를 입힌 경우
  - 비위생적인 급식을 제공하거나 영유아 안전 보호를 태만히 하여 영유아에게 생명·신체 또는 정신적 손해를 입힌 경우
  - 보수교육을 연속하여 3회 이상 받지 아니한 경우
- 보육교사 자격 취소 기준
  - 거짓이나 그 밖의 부정한 방법으로 자격증을 취득한 경우
  - 업무 수행 중 자격과 관련하여 금고 이상의 형을 선고받은 경우
  - 아동학대 관련 범죄로 처벌받은 경우
  - 명의대여 금지 등의 의무를 위반한 경우
  - 자격정지 처분 기간 종료 후 3년 이내에 자격정지 처분에 해당하는 행위를 한 경우
  - 자격정지 처분 기간에 자격증을 사용하여 자격 관련 업무를 수행한 경우
  - 자격정지 처분을 3회 이상 받은 경우
- 3~5세 학급에서 누리과정을 담당하는 교사는 3~5세 누리과정 교사 연수를 반드시 이수하며, 연수를 받는 지방자치단체의 보육통합정보시스템에서 연수 사실을 확인

6) 禁錮刑. 수형자를 교도소에 가두어 두기만 하고 노역은 시키지 않는 형벌

육아종합지원센터의 보육교사 구인공고 사례

출처: 강남구 육아종합지원센터 홈페이지.

2 접수서류 작성과 면접

1) 이력서와 자기소개서

보육교사를 선발할 때 요구하는 기본 서류는 이력서(성적표를 요구하는 기관도 있음), 자기소개서가 있다. 이력서는 여러 가지를 검색하여 가장 '공문서' 느낌의 양식을 사용할 것을 권한다. 자기소개서는 채용하는 어린이집의 요구에 적합한 내용으로 작성한다.

여러 기업의 인사 담당자와 원장의 의견을 종합하여 자기소개서 작성 시 유의할 점을 정리하였다.

- 지원하는 어린이집의 홈페이지를 통해 기관의 분위기와 특성 이해

  어린이집의 홈페이지는 각 지방자치단체의 육아종합지원센터를 통해 볼 수 있고 어린이집·유치원 정보공시 사이트를 통해 여러 내용을 볼 수 있다.

- 자신의 장점을 부각한 자기소개서

  취업을 원하는 어린이집이 요구하는 보육교사의 성격을 잘 파악하여 적성, 능력, 포부 등이 담긴 소개서를 작성한다. 보육교사에게 필요한 역량을 중심으로 자신의 장점과 노력의 결과를 구체적이고 객관적으로 기록한다. 지나친 허세나 겸손의 느낌이 나지 않도록 한다.

- 채용 당사자가 전체 내용을 쉽게 파악할 수 있도록 기재

  문장 첫머리에 핵심을 담아 작성하여 인사 담당자가 내용을 이해하기 쉽게 한다. 핵심 내용을 먼저 쓰고, 그 근거를 한 가지씩 구체적으로 기술한다.

- '맞춤법 검사' 등의 메뉴를 활용한 검토

  좋은 이력과 소개 내용을 부각시키기 위해 문단 구성, 맞춤법 등을 점검하여 사소한 띄어쓰기 실수나 표기로 감점되지 않게 한다.

- 포트폴리오와 같은 결과물 첨부

  보육교사가 되기 위해 노력해 온 포트폴리오 등의 결과물을 보여 주는 것도 좋다. 다만, 취업하고자 하는 기관이 원하는 방향에 맞는 결과물을 첨부한다. 전혀 상관없는 분야의 능력을 강조하는 것은 도움이 되지 않는다. 직장에서 필요한 사람은 그 기관에 필요한 업무를 해낼 수 있는 사람이기 때문이다.

2) 면접

보육교사를 면접하고 선발하는 과정에서 여러 질문을 통해 능력과 인성을 평가하므로 어떤 답변이 본인에게 유리한지 고려한다.

채용담당자는 이미 제출한 이력서와 자기소개서를 보면서 적합한 질문을 통해 지원자의 특성을 파악한다. 주로 다음과 같은 내용을 질문하므로 적합한 답변을 준비해 보기를 바란다.

- 학업 성적과 생활
- 본인이 생각하는 적성과 특기
- 보육교사를 지원하게 된 동기와 포부
- 연령별 교실 구성 요령
- 연령별 발달 특성
- 보육교사로서 가장 선호하는 연령
- 특정 연령의 일과와 준비물
- 영유아에 대한 관점
- 경력교사와의 관계 맺기와 직장의 위계질서에 관한 생각
- 정규 근무 시간 외 행사 등 다른 업무에 대한 의견
- 현장 실습을 했던 기관명과 실습 시간에 대한 소감
- 해당 기관 지원 동기와 방문 시의 느낌

3 근로계약서와 취업규칙

1) 근로계약서

지원서류 제출, 면접, 합격 통보받기, 채용신체검사, 보건소의 건강진단서 받기 등의 채용 절차를 거쳐 어린이집에 근무하게 되면 원장과 근로계약을 체결한다. 乙인 보육교

사는 근로계약 내용을 충분히 인지해야 하며 甲인 원장과 함께 계약을 성실히 이행할 것을 상호 확인한다. 계약서는 2부를 작성하여 각각 1부씩 보관한다.

근로계약서의 항목은 일반적으로 다음과 같다.

- 근로계약 기간 및 급여 조건 적용 기간
- 종사 업무
- 근로 장소
- 유급 휴일: 주휴일, 근로자의 날, 그 밖에 甲(원장)이 지정하는 날
- 시업·종업 시간: 보육사업안내의 지침에 따른 근무 시간과 휴게 시간
- 유급휴가: 연차·유급휴가(생리휴가는 무급)
- 월 급여 산정 내역: 기본급과 수당, 지급일
- 퇴직급여제도 안내: 1년 이상 재직자 대상

2) 취업규칙

취업규칙은 「근로기준법」과 「영유아보육법」에 따라 어린이집에 근무하는 보육교직원이 준수해야 하는 취업상의 규율과 직장질서, 근로조건에 대한 구체적인 사항을 정함으로써 체계적이고 효율적인 어린이집 운영을 통한 보육의 질적 향상 및 교직원의 기본적 생활을 보호하고 향상함을 목적으로 한다.

10인 이상의 교직원이 근무하는 어린이집은 전 교직원의 동의 서명을 받은 취업규칙이 있어야 하고 항상 볼 수 있는 공간에 비치한다. 취업규칙에는 일반적으로 다음과 같은 내용이 포함된다.

- 준수 의무: 취업규칙이 정하는 사항의 성실한 이행
- 균등 대우: 이 규칙의 적용에 성별, 국적, 신앙, 사회적 신분 차별 금지
- 채용: 일반 사항, 평등한 기회 보장, 채용 절차, 결격 사유

- 복무: 질서와 규율 엄수, 생활수칙, 출퇴근, 지정된 출입문 사용, 물품 반출 금지, 무단 겸직 금지
- 출장: 출장 보고, 출장비
- 인사이동: 인력 배치, 대기발령(보직 해임), 휴직, 복직
- 근로 및 휴게: 근로 시간, 연장근로, 휴게 시간
- 휴일 및 휴가: 휴일, 연차·유급휴가, 경조휴가(6개월 이상 재직자에 한하여 본인 결혼 5일, 본인 및 배우자의 직계존속 사망 3일 등) 및 경조금, 공가(병역 관련 소집, 공무로 국가기관 소환, 천재지변으로 불가능한 출근), 병가(취업이 불가능한 질병 및 부상의 경우 1개월 이내), 포상휴가
- 급여: 최저임금의 보장, 급여의 구성 항목(기본급과 제 수당), 급여 산정 방법과 지급 절차, 퇴직급여 제도
- 호봉 획정 및 승급: 호봉 인정 기준(초임 호봉은 1호봉, 1년 경력을 1호봉씩 산정)
- 퇴직: 퇴직 절차(30일 이전에 퇴직원 제출), 정년, 해고(30일 전 서면 예고)
- 상벌: 포상 사유·시기·방법
- 징계: 징계 사유·종류, 직장 내 성희롱의 금지와 처벌
- 작업 용품: 사무기기의 지급, 파손 시 책임
- 교육·훈련: 기본 방침, 교육훈련 시설, 교직원의 의무
- 모성 보호 등: 야간근로와 휴일근로의 제한, 시간 외 근로의 제한, 생리휴가, 산전후 휴가, 육아휴직, 육아기 및 임신 중 근로 시간 단축, 배우자 출산휴가
- 안전·보건: 안전·보건 의무, 안전·보건교육, 건강진단
- 재해 보상: 업무상 부상이나 질병의 경우 보상 신청에 적극 협조

취업규칙 동의서

ㅇㅇㅇ어린이집에서 20 　년 　월 　일자로 대표자가 제시한 취업규칙에 대하여 열람하였고 변경 내용에 이의가 없기에 동의서를 제출합니다.

No	직책	성명	날인	No	직책	성명	날인
1				21			
2				22			
3				23			
4				24			
5				25			
6				26			
7				27			
8				28			
9				29			
10				30			
11				31			
12				32			
13				33			
14				34			
15				35			
16				36			
17				37			
18				38			
19				39			
20				40			

Chapter 6
업무분장과 교육

1 업무분장

어린이집은 대부분 소규모 인력으로 운영되고 있기 때문에 보육교사는 자신의 학급 관리 외에 어린이집의 전체 공동 업무에 협력해야 한다. 다음의 업무분장표 사례를 참고하여 어린이집에서 수행되는 각종 업무와 인력배치에 관해 살펴본다.

교직원 개인 업무분장

<table>
<tr><th>담당</th><th colspan="2">고유 업무, 공동 업무(위생, 기타)</th><th>확인</th></tr>
<tr><td rowspan="2">김혜경
(원장)</td><td colspan="2">• 어린이집 운영 관리 총괄</td><td rowspan="2"></td></tr>
<tr><td>• 일지 및 공동 업무 서류 평가
• 부모칼럼
• 운영위원 관리
• 구청 및 재단 관련 업무
• 운영 및 교육정보 수집
• 교직원 근무 평정</td><td>• 시설·설비 관리 및 점검
• 화분 관리
• 전체 및 각 공간 게시판 점검
• 미세먼지 농도 알림 담당
• 계약서 관리
• 보육 통합 관리</td></tr>
<tr><td rowspan="2">감○○
(주임교사)</td><td colspan="2">• 학급 운영계획 및 운영 • 교육활동 계획 및 실행 • 아동·학부모 관리</td><td rowspan="2">☆☆반 교실
정리, 환기</td></tr>
<tr><td>• 원장 부재 시 대리
• 영유아반 전체 운영 관리(총괄)
• 가정통신문 관리
• 월별 일정표 관리
• 당직표 관리
• 운영위원회</td><td>• 교직원 휴가 관리
• 신입교사 관리
• 자원봉사자 및 실습생 관리
• 교직원 교육 파일 관리(1학기)
(신입, 재교육)</td></tr>
<tr><td rowspan="2">이○○
(교사)</td><td colspan="2">• 학급 운영계획 및 운영 • 교육활동 계획 및 실행 • 아동·학부모 관리</td><td rowspan="2">♡♡반 교실
정리, 환기</td></tr>
<tr><td>• 유아반 도서(3개월 1회 결제)
• 전체 안전 및 소방 관리(총괄)
– 전기, 가스, 방역, 건축, 석면, 공기질 측정 검사 대장 관리
– 소화기 관리
– 교직원·아동 소방안전교육, 소방훈련, 법정 의무교육
– 일일 안전·위생 체크리스트 관리
• 투약의뢰서·보고서 점검(산업안전 보건교육, 장애 인식개선 교육)</td><td>• 특별활동
• CCTV 점검
• 파랑화장실 창고 관리(분기별 1회)
→ 창고물품 목록표 부착
• 약장(약품) 및 사용대장 관리(신청, 구매)
• 교사 도서(분기별 1회)</td></tr>
</table>

<table>
<tr><th>담당</th><th colspan="2">고유 업무, 공동 업무(위생, 기타)</th><th>확인</th></tr>
<tr><td rowspan="2">탁○○
(교사)</td><td colspan="2">• 학급 운영계획 및 운영 • 교육활동 계획 및 실행 • 아동·학부모 관리</td><td rowspan="2">○○반 교실
정리, 환기</td></tr>
<tr><td>• 물품신청서 관리, 물품 구입(비품, 소모품) – 교재·교구비 물품 목록
• 비품(교구, 가전, 전자제품), 비품 A/S 관리(3개월 1회 결제)
• 영아반 교재·교구(3개월 1회 결제)</td><td>• 전체 행사 계획 및 일지 작성, 부모교육
• 교사 회의록 기록·관리</td></tr>
<tr><td rowspan="2">방○○
(교사)</td><td colspan="2">• 학급 운영계획 및 운영 • 교육활동 계획 및 실행 • 아동·학부모 관리</td><td rowspan="2">○○반 교실
정리, 환기</td></tr>
<tr><td>• 생일판 관리
• 현관 및 전체의 환경 구성과 게시판 관리(+ 유○○)
• 영유아 출석부, 교직원 출근부·외출부 관리</td><td>• 교사실 관리(총괄)(보육교직원 모두 협조)</td></tr>
<tr><td rowspan="2">남○○
(교사)</td><td colspan="2">• 학급 운영계획 및 운영 • 교육활동 계획 및 실행 • 아동·학부모 관리</td><td rowspan="2">☆☆반 교실
정리, 환기</td></tr>
<tr><td>• 영양·위생 관리, 교직원·아동 건강교육(식단표 관리, 원산지 표기, 식자재 발주 및 관리 등)
• 통합보육 및 운영일지 관리</td><td>• 영아반 도서(3개월 1회 결제)
• 행사 시 환경 구성
• 교수 자료, 시청각 자료 대장 관리</td></tr>
<tr><td rowspan="2">낭○○
(교사)</td><td colspan="2">• 학급 운영계획 및 운영 • 교육활동 계획 및 실행 • 아동·학부모 관리</td><td rowspan="2">△△반 교실
정리, 환기</td></tr>
<tr><td>• 행정 및 회계 관리
– 수입지출결의서, 회계보고(월별)
– 특별활동비, 현장학습, 기본보육료, 공공 사용료 정산
– 보조금 신청 및 정산(누리보조금, 환경개선비)
– 교직원 임면 서류
– 예·결산, 연말정산</td><td>– 급여 관리 및 4대보험 관리, 퇴직금 관리
– 정보공시 관리
– 긴급바우처 등록
• 아동 입·퇴소 관리
• 보육통합시스템 관리
• 물품검수서</td></tr>
<tr><td rowspan="2">유○○
(교사)</td><td colspan="2">• 학급 운영계획 및 운영 • 교육활동 계획 및 실행 • 아동·학부모 관리</td><td rowspan="2">◇◇반 교실
정리, 환기</td></tr>
<tr><td>• 유아반 교재·교구(3개월 1회 결제)
• 현장학습
• 개인정보 관리(비상연락망 관리 – 매월 1회 수정·보안)
• 어린이집 홈페이지 관리, 정보공시
• 교직원 교육 파일 관리(2학기)
(신입, 재교육)</td><td>• 현관 및 전체의 환경 구성과 게시판 관리(+ 방○○)
• 창고 관리 → 창고 물품목록표 부착(분기별 1회)</td></tr>
</table>

<table>
<tr><th>담당</th><th colspan="2">고유 업무, 공동 업무(위생, 기타)</th><th>확인</th></tr>
<tr><td rowspan="2">정○○
(누리보조)</td><td colspan="2">• 영유아 보육 보조 • 보육 공백 시 대체보육 • 행정사무, 급식, 청소 등</td><td rowspan="2">공동 구역
청결 관리
주황화장실
파랑화장실
☞ 체크리스트 담당</td></tr>
<tr><td>• ◇◇반(오전 2시간), △△반(오후 2시간) 일과 보조(2시간×2회)
• 주황·파랑화장실 청결, 위생 관리(총괄)(안전점검표 체크리스트)</td><td>• 나비플라자 도서·교구 관리(정리·정돈 및 청결 관리 포함)
• 청결, 정리·정돈, 위생 관리
• 물품 정리·정돈 및 관리</td></tr>
<tr><td rowspan="2">유○○
(조리사)</td><td colspan="2">• 조리 및 급식 • 주방 청결 및 정리·정돈</td><td rowspan="2"></td></tr>
<tr><td>• 주방 서류 관리
• 주방 비품대장 관리
• 주방 청결 및 물품 정리·정돈
• 정수기 관리(하루 3회 소독 실시)
• 음식물 쓰레기 관리</td><td>• 성인 화장실 청결, 위생 관리
– 롤 화장지, 티슈 채우기
– 수시로 수건 교체하기
• 매일 쓰레기 관리 + 주방 쓰레기 (+ 곽○○)</td></tr>
<tr><td rowspan="2">곽○○
(보육
도우미)</td><td colspan="2">• 급식, 청소, 화분 관리 등</td><td rowspan="2">나비플라자
☞ 체크리스트 담당</td></tr>
<tr><td>• 주방 보조
• 공유 공간(나비플라자, 복도, 유희실, 외부 계단 등) 청결 관리
• 청소도구 관리(정리·정돈)
• 창문 자국, 먼지 제거(수시)
• 화분, 수족관 관리(먹이 주기)
• 매일 쓰레기 관리 + 주방 쓰레기 (+ 유○○)
• 나비플라자 정수기 매일 1회 세척 및 소독(컵 관리)</td><td>• 세탁실 청결 및 위생 관리
• 각 화장실 화장지, 수건 점검(2회 이상), 세면대 물기 제거
• 신발장, 내빈용 실내화 청결 관리
• 우산꽂이 청결 관리(격주 물 세척)
• 주황·파랑화장실 청결·위생 관리 (+ 정○○) (안전점검표 체크리스트)
• 폐기물 관리</td></tr>
<tr><td>김○○
(보조교사)</td><td>• 일과 보조
• 공유 공간 청소 및 청결 관리
• 현관 출입 안내</td><td>• 나비플라자 도서·교구 관리(정리·정돈 및 청결 관리 포함)
• 약장(약품)과 사용대장 관리(신청 및 구매)</td><td>성인 화장실 담당
☞ 체크리스트 관리</td></tr>
<tr><td>공동</td><td>• 파랑화장실: 유아반 교사(3명) 담당
• 주황화장실: 영아반 교사(4명) 담당
• 화장실 체크리스트 담당(정○○)
• 성인 화장실: 조리사(유○○) 담당
• 성인 화장실 체크리스트 담당(김○○)
• 세탁실 및 세탁물 관리: 곽○○(보육 도우미) 담당
☞ 세제로 청소하기
☞ 수시로 정리·정돈하기
☞ 화장지, 수건 교체하기</td><td>• 세탁물 널기, 정리 – 오전/오후 당직자
• 공기청정기 필터 교체(2개월 1회)
• 에어컨 필터 청소(2개월 1회)
• 오전 당직자 어린이집 창문 환기 및 각 반 공기청정기 가동
• 담당 공간 유지·보수 및 보고,
설비 고장이나 보수 필요한 곳,
위험물 제거 등 확인 후 보고하기
(주 담당자: 체크리스트 작성하기)</td><td></td></tr>
</table>

전체 교직원의 업무분장과 함께 각 교실 내에서 공동 담임의 업무도 구체적으로 분장하면 갈등의 소지를 줄일 수 있다. 일주일씩 주교사와 부교사의 역할을 번갈아 공평하게 학급 업무를 수행한다. 보조교사가 있다면 보조할 업무를 구체적으로 안내하고 함께한다. 보육교사의 휴게 시간 사용은 보육활동에 지장을 주지 않는 범위에서 각 교실에서 함께하는 교사와 협의하여 정한다.

2 신입교사 교육

어린이집은 정규 보육교사를 포함한 보조교사, 조리사, 대체 교사, 실습생, 자원봉사자 등 모든 신규 교직원에게 실시한 오리엔테이션 자료를 문서로 마련하여 운영 일지 등에 기록하고 관리한다. 신규 인력 모두에게 기관의 운영 철학과 보육목표, 비상사태 발생 시 대처 방법, 아동학대 예방 등을 교육하고, 앞으로 생활하게 될 공간에 대해 알려 주며 각자 업무에 필요한 부분을 첨가하여 안내한다.

1) 어린이집 운영의 개요

신입 교직원에게는 신입 부모와 동일한 오리엔테이션 자료로 어린이집의 운영방향과 교사 역할에 대해 교육할 수 있다. 대부분의 오리엔테이션 자료에는 다음과 같은 내용이 포함된다. 이 책의 제8장 2절 적응 프로그램의 실제에서 '3) 부모를 위한 안내' 부분을 참고한다.

신입교사 오리엔테이션

1. 오리엔테이션의 목표

신입 보육교사에게 어린이집의 보육철학과 운영방침 등을 체계적으로 안내해 줌으로써 빠른 시간 내에 전문적인 보육교사 업무를 수행할 수 있게 돕는다.

2. 어린이집 소개

- 어린이집의 보육철학 및 운영방침
- 어린이집 현황
- 보육 프로그램의 특성

3. 오리엔테이션 일시 및 횟수

- 근무 시작 직후
- 총 1~3회 실시(근무상황에 따라 일시와 횟수 조정)

4. 오리엔테이션 내용 및 방법

내용	방법	담당자	자료
• 어린이집의 보육철학 및 운영방침 • 어린이집 현황 소개 • 보육교사의 업무 및 자세 • 취업규칙에 대한 이해 • 해당 반 영유아에 대한 이해	• 어린이집 운영 전반에 대한 숙지 및 보육 프로그램에 관한 논의	원장 주임교사	오리엔테이션 소책자 참고
• 보육 프로그램의 특성 – 표준보육과정에 대한 이해 – 보육목표의 이해 • 일과에 따른 교사의 역할	• 관련 도서 숙지 및 논의 • 토론 및 질의응답	주임교사	표준보육과정 관련 책자 참고
• 보육일지 및 영유아 관찰기록 작성법 • 해당 반 영유아에 대한 문서 관리 – 입학원서, 생활기록부, 출석부 등	• 보육일지, 관찰기록 등의 작성 방법 숙지 및 논의	주임교사	보육일지 및 관찰기록 등의 예시 참고
• 부모면담 기법 및 부모 관리 – 부모면담 계획 및 준비 – 부모면담 기법	• 부모면담을 위한 관련 자료 준비 • 상담 시 유의 사항 설명 및 논의	원장, 주임교사	부모면담 자료 예시 참고
• 건강·영양·안전 관리 – 건강검진 및 신체계측에 대한 안내 – 식단 안내 및 식습관 지도 방법 – 안전교육 및 긴급 상황 시 대처 방법	• 영유아의 건강과 안전에 관련된 지침, 긴급 상황 시 교사 지침 등에 관한 숙지 및 논의	주임교사	관련 자료 참고

○○○어린이집

2) 비상사태 발생 시 대처 방법

어린이집의 비상사태는 감염병, 안전사고, 화재 등과 관련이 있다.

감염병 관리

어린이집 전체 위생·청결과 관련된 부분으로 최적의 환경(온도·습도 관리, 먼지 제거 등)을 유지할 수 있도록 사전 관리를 철저히 하며, 감염병 발병 시 빠른 대처로 감염병의 증가를 최소화함

- 감염병 확인
  - → 매일 담임교사와 아동의 상태를 파악
  - → 감염병일 경우 귀가 조치(등원 시, 의사 소견서 제출)
- 수업 중 감염병이 의심되는 경우
  - → 부모님께 연락 취함, 감염병 여부 확인, 하원 계획 결정, 병원 방문을 권장
- 감염병 발생 시
  - → 소독 계획, 방역에 의뢰하여 소독의 종류를 달리하거나 추가 소독을 요청
- 학부모 통보
  - → 가정통신문과 알림판을 통해 감염병 경로를 알리고 주의와 협조 사항을 알림
- 보육 통합정보 시스템에 감염병 보고
  - → 단, 홍역, 결핵, 수두 발생 시 관할 보건소 신고

○○○어린이집

안전사고 발생 시 조치 계획

- 원아 입소 시 학부모 비상연락망 및 응급처치동의서 기록 · 보관
- 원아 상해보험 가입(어린이집)

⬇

❖ 어린이집 내: 원아 비상연락망 비치

❖ 어린이집 외: 지역 병원 확보(종합병원)

❖ 지역사회 지원 연락체계 구축(협의안)

⬇

안전사고 발생 시

1. 담임교사가 영유아의 상태 파악 및 보고
2. 어린이집에서 응급 처치 또는 병원 방문 여부 파악(시급 상황에 따라 지역사회 지원 요청)
   - 어린이집 응급 처치 시 부모님께 자세한 상황 설명 및 경과 조치
   - 병원 방문 시 학부모에게 연락, 병원 처치 · 결정에 따라 학부모의 의사를 반영
   - 어린이집의 상해보험 처리 및 안전사고 일지(보고서)를 작성 · 보관

○○○어린이집

구분	업무 내용	업무 담당
통보연락팀	• 소방서(119), 경찰서(112) 화재신고 • 건물 내 화재 발생 통보 • 소방 차량 유도 및 진입로 확보	낭○○ 방○○
피난유도팀	• 건물 내 거주자 대피 유도 • 방화문 폐쇄, 가스·위험물 등 제거 • 중요 물품 안전한 장소로 이동	유○○ 유○○ 이○○
응급구조팀	• 상해를 당한 부상자를 응급 치료하고 긴급하게 후송	감○○ 탁○○ 정○○
소화팀	• 소화기, 옥외 소화전을 사용하여 초기 화재 진압	곽○○ 남○○

3) 아동학대 예방: 어린이집 매뉴얼

아동학대 예방에 관한 내용은 중앙아동보호전문기관(www.korea1391.org 정보실 → 교육 자료)에서 어린이집에 배포한 자료이다.

(1) 조치 흐름도

학대(의심 사례) 발생
아동보호전문기관
어린이집
경찰
신고접수
• 소재지 관할 아동보호전문기관
신고
아동학대 신고
• 보육교직원은 아동학대 신고의무자
• 아동학대를 알게 되거나 의심되는 경우 즉시 신고
신고
신고접수
• 국번 없이 112
현장조사 및 사례개입
• 아동보호전문기관, 지방자치단체, 경찰 동행 심리검사, 심리치료
협조
학대의심 보육교직원과 피해아동 분리
• 학대의심 보육교직원과 피해아동을 분리
• 학부모 동요 방지
협조
수사진행
• CCTV 등 증거 확보
• 관계자 소환
• 검찰로 송치
* 기소, 불기소 의견
증거 자료 보존
• CCTV 등 증거 자료 보존
* 영상정보 훼손 시 과태료 부과 및 형사처벌 대상
현장조사 협조
• 현장조사에 적극 협조
• 관련 자료 제공
• 보육교직원 및 피해아동의 관련 정보 비밀유지
사후 관리
• 보육교직원에 대한 교육
• 아동학대 예방을 위한 관리 감독

(2) 단계별 조치 요령

❶ 아동학대 신고

- 아동학대 발생 또는 학대의심사례 발견 시 **수사기관(전화 112) 또는 아동보호전문기관에 즉시 신고**
  - 원장 등 보육교직원은 **아동학대 신고의무자**[(1)]로 직무상 아동학대를 알게 된 경우나 의심이 있는 경우 반드시 신고

    (1) 「아동학대범죄의 처벌 등에 관한 특례법」 제10조 제2항 제12호

  - 신고의무자가 아동학대를 발견하고도 정당한 사유 없이 신고하지 않은 경우 **500만 원 이하의 과태료**[(2)] 부과 대상

    (2) 「아동학대범죄의 처벌 등에 관한 특례법」 제63조 제1항 제2호

- 아동학대 발생에 따른 어린이집 **행정처분(운영 정지, 폐쇄 등) 시 학대행위 신고 여부 등이 고려**[(3)]됨

  (3) 보육교사에 의한 학대행위 발생 시 설치·운영자가 그 행위를 방지하기 위하여 상당한 주의와 감독을 게을리하지 아니한 경우 행정처분 면책(「영유아보육법」 제45조 제1항)

❷ 학대의심 보육교직원과 피해아동 분리

- **추가적인 아동학대와 아동의 심리적 불안**을 막기 위해 학대의심 보육교직원과 피해아동을 우선적으로 분리
  - **반 배치 변경** 및 보육교직원의 **휴가, 일시휴직** 등 활용
- 피해아동이 지속적인 보육을 받을 수 있도록 배려
  - 가정양육 또는 아동 반 변경, 아동의 심리상태 등에 대해 **학부모와 우선 협의**

❸ 어린이집안전공제회 활용(외상이 의심되는 상황)

- 외상이 의심되는 경우 학부모와 상의하여 **병·의원에 내원하여 우선 상담 및 진료**를 통해 확인

- 아동학대로 인한 신체적 외상 또는 정신적 외상이 확인되면 '어린이집안전공제회' 사고처리 절차[4]를 활용하여 아동 의료지원
  - 사고처리 절차에 따라 우선적인 사고 보고를 통해 '공제급여' 범위를 안내받고 부모 등과 정보 공유

(4) http://www.csia.or.kr/cms/node/1007.do 사건처리 절차 지원

❹ 증거 자료 보존

- 아동학대 관련 증거 자료(CCTV 영상 등) 훼손 주의
  - 영상정보 훼손 시 과태료 처분[5] 및 형사 처벌[6] 대상임

(5) 「영유아보육법」 제56조, 60일 보관 의무 위반(1차 위반 50만 원, 2차 100만 원, 3차 150만 원)
(6) 「영유아보육법」(2년 이하의 징역 또는 2천만 원 이하의 벌금), 「개인정보보호법」(5년 이하의 징역 또는 5천만 원이하의 벌금)

- 피해(의심)아동의 보호자가 CCTV 열람을 요구할 경우
  - 영상정보 열람요청서를 제출받은 후 열람요청을 받은 날부터 10일 이내에 열람 장소와 시간을 정하여 보호자에게 통지[7]

(7) 아동의 어린이집 초기 입소 시, 보호자에게 「영유아보육법」 제15조의5 제1항 제1호에 따라 폐쇄회로 텔레비전 열람 요청 시 「영유아보육법 시행규칙」 제9조의4의 절차에 따라 영상정보가 열람이 가능함을 안내 또는 동의서 보관

  - 피해 사실이 적시된 의사 소견서를 제출하고 즉시열람 요청한 경우에는 즉시[8] 열람하게 하여야 함

(8) 관계 공무원, 어린이집 운영위원장, 육아종합지원센터장이 동행하여 즉시 열람을 요청하는 등 협의된 경우에는 열람요청서 제출 및 통지 불요

  - 열람을 요청한 보호자와 자녀 또는 보호아동과의 관계를 알 수 있는 가족관계증명서, 주민등록등본 등 서류나 증표를 확인[9]

(9) 주민등록증, 신분증 등을 확인한 후에도 열람 가능

  - 열람의 일시는 보육에 지장이 없도록 보호자와 협의하여 결정(가급적 조속히), 회신일로부터 최장 7일을 초과하지 않도록 조치

❺ 현장조사 협조

- 경찰, 아동보호전문기관, 지방자치단체가 실시하는 **현장 조사 시 관련 자료 제공 등 적극 협조**
  - 학대 발생 여부 확인을 위한 전수조사 및 같은 반 아동 조사 협조
  - 피해아동에게 **부정적인 기억** 또는 **죄책감**이 들게 하는 질문은 가급적 **삼가**[10]도록 조사 기관에 요청

    (10) 간접적인 방법으로 답변 유도(인형에 투사하는 방법 등)

  - 현장조사로 보육교직원 및 아동 등이 **동요하지 않도록** 조치
- 관련 보육교직원 및 아동의 **신상 정보가 외부에 유출되지 않도록** 비밀 유지에 최선을 다함
  - 수사 결과 **아동학대가 아닌 것으로 판정될 경우** 관련 보육교직원이 받을 **직·간접적인 피해** 예방

❻ 사후 관리

- 보육교직원의 **아동학대 예방교육** 적극 참여 유도
  - 육아종합지원센터와 어린이집안전공제회가 주관하는 **아동학대·안전교육**[11] 등을 적극 활용

    (11) 아동학대·안전교육을 수료한 보육교직원에 대해서는 동일 연도 내 보수교육 과목 중 해당 과목을 이수한 것으로 인정

  - 보건복지부 산하 중앙아동보호전문기관이 제작·보급한 **신고의무자 표준 교재**(동영상, PPT, 전단지 등)[12]를 활용 가능

    (12) 교재는 중앙아동보호전문기관(www.korea1391.org 정보실 → 교육 자료)에 게재

  - **바람직한 훈육 방법** 등 아동학대 예방을 위한 **자체 교육 수시 실시**
  - 보육교직원용 아동권리 자가 체크리스트 정기적 활용[13]

    (13) 사용 주기: (필수) 근무 개시 1주일 이내 / (권장) 월, 분기, 반기별(최소 연 2회 이상)

- 보육교직원들과의 대화·소통 시간 마련하고, 보육교직원의 애로 사항, 건의 사항 등을 파악하여 학대 발생 요인 사전 제거 노력

- 보육과정에서 아동학대로 의심받을 상황이 발생하지 않도록 보육교직원에 대한 상시 관리·감독 철저
  - 설치·운영자가 학대행위를 방지하기 위하여 상당한 주의와 감독을 게을리하지 아니한 경우, 어린이집에 대한 행정처분(운영정지, 폐쇄)이 면책(「영유아보육법」 제45조 제1항)

❼ 기타 사항

- 근본적인 아동학대 예방을 위해서는 어린이집과 학부모와의 상호 소통과 신뢰감 형성이 중요

- 열린어린이집[14]과 같이 어린이집 운영방식을 부모와 상호작용이 높은 열린 개방형 운영체계로 전환 필요

  (14) 2015년 5월 배포된 열린어린이집 가이드라인(공간 개방, 자발적 부모 참여, 참여 프로그램 다양화, 부모와의 소통 확대, 일상적 부모 참여 유도 등) 참고

- 아동학대 의심 상황 발생 시 보호자로부터의 금품 요구나 합의, 위협[15] 등을 방지하는 방법은 정확한 신고 절차 준수와 조치

  (15) '신고접수 및 아동학대업무 처리 절차'는 보호자가 보육교사 혹은 어린이집 원장을 위협할 수 있는 도구가 아님을 제시

4) 어린이집의 공간 익히기

자신의 학급을 이끌어 가면서 생활하게 될 교실과 여러 공유 공간에 대해 익숙해지도록 안내한다.

어린이집 환경

현관 1

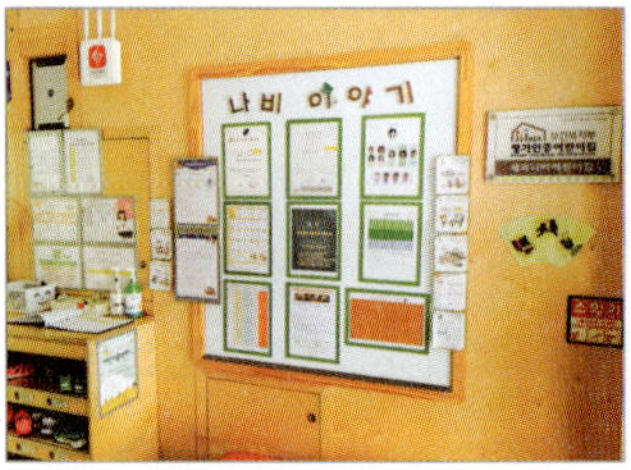

현관 2

복도

1세반

2세반

3세반

4세반

5세반

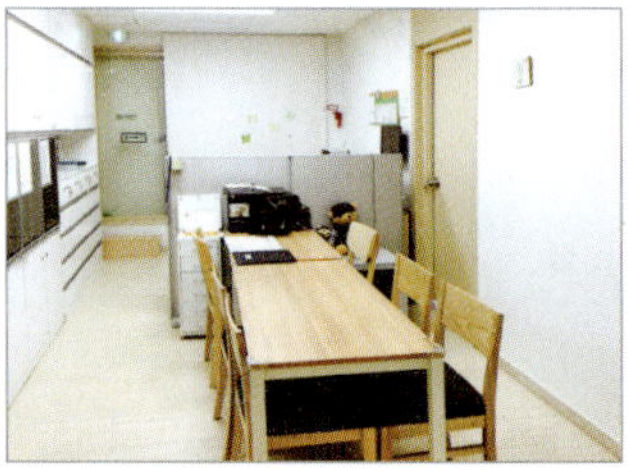

사무실

플라자

실내 유희실

조리실

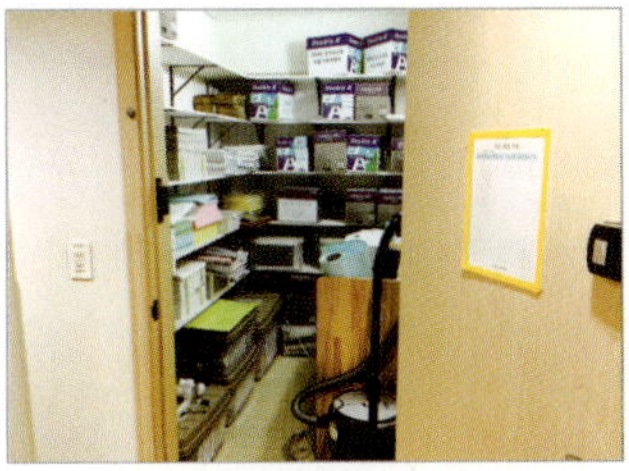

교재 · 교구실

주황화장실

파랑화장실

창고

교사용 사물함

교사휴게실

3 연간 교사교육

신입교사를 포함한 모든 교사는 법정교육을 비롯하여 어린이집의 방침에 따라 많은 교육을 받게 된다. 어린이집의 교사교육 실행에 관한 사례를 표로 정리하였다.

연간 교사교육 및 법정의무교육(안전교육 포함)				
월	어린이집 자체 교육	평가인증 대비 교육	법정의무교육	방법
3월	• 하루 일과에 따른 업무 분장(3/6) (담임교사 대상)	• 운영 관리(낭○○)(3/21) (담임교사 대상)	• 신입교사 교육(신입 인력) – 유○○ 교사 개별 오리엔테이션 실시 어린이집의 운영철학 및 보육목표, 보육과정의 내용, 프로그램 특성, 직무에 관한 설명, 고용과 관련된 조건과 용어에 관한 설명, 영유아의 건강과 안전에 관련된 지침, 비상사태 발생 시 대처 방법, 아동학대 예방 등 (교직원 4-4-1) • 아동 성폭력과 아동학대 예방교육(3/28) (전체 교직원 대상) (교직원 외부 연수 후 4/2 교사 회의 시간에 전달·교육) (건강·안전 3-5-2①)	강의 및 토의
4월	• 교직원 MT(4/15) – 주제: 평가인증 업무분장 및 각오 다지기 • 적응 프로그램 평가(회의록) • 1학기 교직원 소방교육 • 부모와의 상호작용(4/4) • 고농도 미세먼지 대응(4/4) (전체 교직원 대상)	• 보육환경(이○○)(4/18) (담임교사 대상)	• 교직원 사이버 안전교육 과정(4/5) (건강·안전 3-5-2①) • 교직원 직무 스트레스(4/4, 25) (건강·안전 3-3-3-⑤) • 아동학대 예방교육(4/11) • 교직원 성폭력/아동학대 예방교육(부모님과 함께하는 성폭력 예방교육) (건강·안전 3-5-2①) • 교직원 건강·영양 교육(4/14) (건강·안전 3-3-3-②) (전체 교직원 대상)	강의 및 토의

월	어린이집 자체 교육	평가인증 대비 교육	법정의무교육	방법
5월	• 교사 개별면담 (5/15~26) (담임교사 대상)	• 건강(탁ㅇㅇ) (5/16) (전체 교직원 대상)	• 교직원 인성교육 – 힐링 연수(5/15) • 교직원 아동학대 예방교육(5/19) (건강·안전 3-5-2①) • 직장 내 성희롱 예방교육(5/29) (전체 교직원 대상)	강의 및 토의
6월	• 영아반 장학(7/24~28) (담임교사 대상) (원장님 교사 장학 포함) (교직원 4-4-3)	• 안전(남ㅇㅇ) (6/20) (전체 교직원 대상)	• 아동학대 예방교육(6/9) (건강·안전 3-5-2-①) • 어린이집 영상 정보처리 기기(CCTV) 교육 및 개인정보보호 교육(6/20) (전체 교직원 대상) • 실습교사 오리엔테이션(6/26) – 실습생 파일 첨부 어린이집의 운영철학 및 보육목표, 보육과정의 내용, 프로그램 특성, 보육실습생의 역할, 영유아의 건강과 안전에 대한 지침, 비상사태 발생 시 대처 방법, 아동학대 예방 등	강의 및 토의
7월, 8월	• 사이버 보수교육 수강 (감ㅇㅇ, 정ㅇㅇ, 이ㅇㅇ, 탁ㅇㅇ) (9/13) • 2학기 교직원 소방교육 • 아동학대 신고의무자 교육 체크리스트(8/28) (전체 교직원 대상)	• 보육과정 운영(감ㅇㅇ, 정ㅇㅇ) (7/18) (담임교사 대상)	• 산업안전교육(7/11) (전체 교직원 대상) • 조리사 위생교육(7/31) (조리사)	강의 및 토의
9월	• 1학기 전반 행사 평가, 하반기 상담 토의(9/1) (전체 교직원 대상) • 교사 자율 장학(9/26) – 주제: 관찰자 면담 목록 (담임교사 대상) • 유아반 장학(7/24~28) (담임교사 대상) (교직원 4-4-3) (원장님 교사 장학 포함) • 아동권리 자가 체크리스트(9/12) (전체 교직원 대상)	• 보육활동과 상호작용 (유ㅇㅇ) (9/19) (전체 교직원 대상) (교직원 4-4-2)	• 신입교사 교육(신입 인력 – 보육도우미 개별 오리엔테이션 실시) 조리실 위생교육/업무분장표, 어린이집의 운영철학 및 보육목표, 보육과정의 내용, 프로그램 특성, 직무에 관한 설명, 고용과 관련된 조건과 용어에 대한 설명, 영유아의 건강과 안전에 관련된 지침, 비상사태 발생 시 대처 방법, 아동학대 예방 등 (교직원 4-4-1) • 교직원 건강·영양 교육 – 푸드머스 강사교육(9/5) (전체 교직원 대상) (건강·안전 3-3-3-②) • 대체 교사 오리엔테이션(9/11)	강의 및 토의

월	어린이집 자체 교육	평가인증 대비 교육	법정의무교육	방법
10월	• 훈육(10/17-1차; 10/27-2차): 교사 재교육 (교직원 4-4-2) (전체 교직원 대상) • 교직원 아동학대 예방 교육(10/18) (건강·안전 3-5-2①) (전체 교직원 대상) • 보육환경 점검 보육활동과 상호작용(10/10) (담임교사 대상) (교직원 4-4-2)	• 통합지표 – 건강·안전 (10/17) (전체 교직원 대상)	• 자원봉사 오리엔테이션(10/16) 어린이집의 보육철학, 자원봉사자의 역할, 근무 내용, 영유아의 건강과 안전에 대한 지침, 비상사태 발생 시 대처 방법, 아동학대 예방 등 (교직원 4-4-1)	원장 강의 및 토의
11월	• 부모 상담(부모와 상호작용 기본 원리) (담임교사 대상)		• 인터넷 중독 예방교육(11/14) (담임교사 대상)	강의 및 토의, 관찰 후 리포트 제출
12월	• 교사교육 연간 평가 (전체 교직원 대상)			발표 및 토의
1월	• 각 반 개선 사항 및 토의 • 아동학대 신고자 의무 교육(1/25) • 장애 인식개선 교육 (1/10) (전체 교직원 대상)			
2월	• 영유아 평가 척도와 활용법(원장님) (2/3) (담임교사 대상)		• 응급처치 관련 교육(2/28) (건강·안전 3-5-2④) – 강남구 보건소(전체 교직원 대상)	강의 및 실습

* 각 항목의 번호는 평가인증지표의 세부 항목을 나타냄

Chapter 7

영유아와의 적응

1 영유아 적응 프로그램의 필요성

1) 적응 프로그램의 의미

가정과 부모의 품을 떠난 영유아가 첫 집단생활을 시작하는 신학기가 되면 어린이집은 신입 원아 적응 프로그램을 실시한다. 영유아의 적응은 담임교사의 학급 운영을 용이하게 하며, 안정적인 보육활동의 진행을 가능하게 한다. 여러 가지 사정에 의해 신학기가 아닌 중간에 입소 영유아에게도 동일한 절차의 적응 프로그램을 진행한다.

영유아가 부모와 떨어져 낯설고 생소한 기관에 혼자 놓이게 되는 경험은 심한 분리불안을 초래한다. 영유아는 보호자(주로 엄마)와 분리되었을 때 많은 스트레스를 경험한다. 양육자가 떠나려고 할 때 영유아는 큰 소리로 울고 뒹구는 등 자신이 할 수 있는 모든 방법으로 불안을 표현하는데, 이는 당연한 행동이다(맞벌이 가정의 영유아는 부모가 아닌 성인과 함께 적응 프로그램에 참여하는 경우가 많아 함께하는 성인에 대해 부모, 보호자, 양육자 등의 용어를 혼용하여 사용한다).

보호자가 짧은 기간 내에 격리하려 할수록 영유아는 더 불안을 느끼고 완강하게 불안을 표현한다. 보호자와 교사는 영유아가 낯선 상황에 익숙해지고 교사에게 신뢰감을 느끼도록 초기 적응과정을 도와주어야 한다. 부모와 교사가 긍정적이고 적극적으로 서로 협력할 때 영유아의 적응 속도가 빨라진다.

이 시기 양육자와의 관계는 타인에 대한 태도를 결정짓고 성격발달을 비롯한 다양한 발달에 영향을 미치므로, 어린이집의 적응 프로그램은 영유아의 전 인생에 큰 의미를 갖는다. 양육자와의 애착이 안정하게 형성된 영유아는 교사와의 관계도 안정적으로 적응해 간다. 즉, 부모에게 기본적인 신뢰감이 있는 영유아는 교사와의 적응도 쉬운 경향을 보여 준다. 부모와의 갑작스러운 격리는 영유아에게 심리적인 충격을 주게 되고 새롭게 만나는 교사나 또래, 낯선 어린이집의 환경에 적응하는 데 부정적인 영향을 준다. 부모와의 협조를 통해 영유아의 긴장과 스트레스를 최소화하고 어린이집에 잘 적응하도록 배려한다.

처음 만나는 교사와 또래, 낯선 환경에 적응하는 과정은 영유아의 적응 정도에 따라 자연스럽게 실시되어야 한다. 처음부터 교사가 품에 안으려 하거나 보호자가 몰래 도망가는 행동은 분리불안을 가중시키며 더 많은 적응 시간과 노력을 필요로 한다.

신입 원아의 적응과정은 보호자와 함께 교실 탐색하기, 단축 보육 등으로 체계적으로 진행한다.

2) 적응 프로그램 안내

적응 프로그램은 매년 전국에서 많은 민원이 발생하는 부분이므로 다음과 같은 내용으로 부모와 충분히 소통한 후 실시하는 것이 좋다. 적응 프로그램을 위한 안내서를 작성하여 배부하는 방법을 사용할 수도 있다.

신입 원아 적응 프로그램 안내

1 어린이집 생활이 시작되는 첫날은 영유아에게 중요한 날입니다.

- 영유아가 보호자에게서 떨어지기를 싫어하고 등원을 거부하는 경우가 많아 어린이집에 적응시키는 일은 매우 중요합니다. 어린이집을 자기 집처럼 편안하게 생각하고 정서적으로 안정된 적응을 위해 보호자의 협조가 필요합니다.
- 영유아가 어린이집을 편하고 즐거운 곳으로 느낄 수 있도록 어린이집에서는 큰 노력을 하고 있습니다. 가정에서도 영유아가 집단생활에 잘 적응할 수 있도록 격려해 주시고, 어린이집과 협력해 주시기를 바랍니다. 보호자가 어린이집에 긍정적일 때 영유아는 더 잘 적응하게 됩니다.

2 적응 기간에는 이렇게 도와주세요.

- 어린이집을 친구들과 놀잇감이 있는 즐거운 곳으로 느낄 수 있도록 도와주세요.
- 어린이집에 기분 좋게 올 수 있도록 등원 전 가정의 분위기를 밝게 가져 주세요.
- 어린이집은 가도 되고 안 가도 되는 곳으로 여기지 않도록 매일 일정한 시간에 등원을 지도해 주세요.
- 어린이와 헤어질 때 몰래 사라지지 않고 반드시 인사를 나눈 후 돌아서 주세요.
- 낯선 환경에서의 긴장으로 배변 실수가 있으므로 갈아입을 여벌옷을 준비해 주세요.

3 신학기 준비물을 보내 주세요.

- 영유아가 사용하는 안전한 형태의 빗, 고무줄, 로션, 여벌옷, 낮잠용 이불·베개, 칫솔과 양치컵
- 건강검진증명서, 예방접종증명서(재원생의 경우 추가 기록지만 제출), 구강검진증명서 – 3월 안으로 제출

4 함께 도와주세요.

- 하루 일과의 리듬을 유지하고 수업에 방해되지 않도록 가능하면 오전 실내 자유선택활동 시간(9시 40분) 전에 등원할 수 있게 도와주세요.
- 담임교사와의 통화는 낮잠 시간(1시 이후)이나 오후 시간을 이용해 주세요.
- 영유아 귀가는 반드시 성인 동반 또는 만 13세(최소 중학생) 이상의 형제·자매인 경우만 인계가 가능합니다.
- 투약이 있는 경우 현관 입구에 마련된 투약의뢰서를 꼭 작성해 주세요.
  – 투약의뢰서 미작성 시 투약이 어려울 수 있습니다.
- 감염병이 의심되거나 감염 시에는 어린이집으로 바로 연락하여 주시고, 가정보육 후 어린이집 등원 시 의사 소견서를 지참해 주세요(머릿니의 경우 최소 2일 이상 가정보육). – 반드시 교사에게 전달
- 모든 소지품에는 영유아의 이름을 적어 보내 주세요.
- 작성하신 서류는 2월 25일(월)까지 제출해 주세요.
- 준비물은 3월 4일(월) 등원 시에 보내 주세요.

5 특이 사항

- 음식 알레르기가 있는 경우 교사에게 알려 주세요.

출처: 세곡나비어린이집 오리엔테이션 자료.

3) 적응에 영향을 미치는 요인

신입 영유아의 적응 프로그램은 어린이집에서 계획하고 끌어가기 때문에 교사의 역할이 가장 중요하며, 보호자, 환경, 영유아 개인의 특성도 영향을 미친다.

(1) 보호자

처음 기관생활을 시작하는 영유아에게 있어 보호자의 역할은 영유아의 적응 성공 여부에 많은 영향을 미친다. 보호자에게 어린이집에서 계획하고 실행하는 적응 프로그램에 대한 협조를 구하고 함께 영유아의 적응을 돕는다.

어린이집 입소 초기의 안정적인 적응은 앞으로 기관에서의 집단생활에 영향을 미칠 뿐만 아니라 보호자와의 분리불안을 덜어 주고 안정된 정서를 가진 사람으로 성장하게 한다. 초등학교 입학 후에도 학년 초에는 긴 적응기간을 거쳐야 할 만큼 중요한 과업이다. 보호자가 어린이집의 일과에 적응하고 있는 영유아를 도와주는 방법은 다음과 같다.

- 보호자와 인사를 나누고 잘 헤어지는 과정을 거쳐 교사에게 인계한다. 이 과정에서 울거나 떼를 쓸 수 있지만 교사와 보호자를 동시에 신뢰하게 하는 의미에서 영유아와 꼭 인사를 나누고 떠났다가 정해진 시간에 데리러 온다.
  갑자기 시야에서 보호자가 사라질 때 영유아가 느끼는 불안은 성인이 상상하기 어려울 만큼 크다. 교사가 보호자와의 사이를 갈라놓는 존재라고 생각하여 교사에게 거칠게 또는 부정적으로 행동하기도 한다.
- 데리러 오겠다는 시간을 꼭 지켜야 한다. 예전에 분리불안을 경험한 영유아일수록 약속한 시간에 나타나지 않는 보호자로 인해 불안이 커지고 이러한 경험이 축적되면 사람에 대한 신뢰에 문제가 생겨서 훗날 친구나 이성을 사귈 때 문제가 될 수 있다.
- 어린이집 일과에 휴식 시간이 포함되는 것처럼 가정에서 보내는 시간도 이완시켜 주는 배려가 필요하다. 예전 같으면 집에서 마음대로 행동하며 자라야 할 연령에

집단생활을 하고 있기 때문에 스트레스가 많다. 가정에서도 잠시 낮잠을 자거나 쉴 수 있게 해 줘야 한다.

- 전에는 그러지 않았는데 갑자기 아주 어린 아기처럼 행동하거나 문제행동을 보이기도 하는데 혼내거나 다그치지 않고 최대한 다정하게 대해 줘야 한다. 사랑과 관심에 대한 요구의 표출이므로 보호자는 이를 이해하려고 노력한다.
- 처음 접하는 실내와 놀이터, 낯선 선생님, 집단으로 함께 지내야 하는 또래, 다른 반과 그 선생님들 등은 모두 영유아에게 긴장을 줄 수 있으므로 부모와의 친밀감으로 안정을 갖게 해야 한다. 영유아가 많이 긴장할수록 쓰다듬고 안아 주며 토닥이는 과정을 더 많이 거쳐서 부모의 사랑에 대해 신뢰를 갖게 해 준다. 밤에 잠들기 전 함께 목욕하거나 옆에 누워 자장가를 들려주는 방법도 사용해 볼 수 있다. 인간의 정서적인 안정은 어린 시기 부모와의 관계가 가장 기본적인 토대가 된다.

(2) 환경

가정을 떠나 첫 집단생활을 하는 어린이집 환경도 영유아의 적응에 영향을 미친다. 실내 공기질을 맑게 유지하여 쾌적한 기분이 들도록 잘 환기시키고 공기청정기 등을 활용한다. 영유아가 활동하는 공간의 채광, 온도, 습도 등을 점검하여 쾌적한 환경을 준비한다. 영유아가 보호자와 함께 도착하여 이동하는 현관이나 복도 등의 공간도 청결하게 관리하여 안전하고 신뢰할 수 있는 환경이라는 느낌을 갖게 해 준다.

초기 적응과정에는 보호자가 교실에서 함께 시간을 보내기 때문에 전문성이 반영된 흥미 영역을 구성하고, 영역과 놀잇감의 청결과 각 흥미 영역에서의 놀이 방법 등을 고려한다. 특히, 신입 원아가 많은 신학기에는 평소보다 흥미 영역 운영을 더 심도 있게 점검한다. 교실에서 즐겁게 놀이하는 과정에 갈등이 발생하지 않도록 흥미 영역에 적합한 교구를 배치하고 활용한다. 영유아반의 놀이활동은 개별 및 소집단의 형태로 진행되고, 유아반은 교사가 미리 계획한 집단활동이 많다. 놀이에 필요한 교재·교구나 준비물도 연령별로 다르다.

(3) 영유아 개인의 특성

보육교사는 영유아의 기관 적응을 위해 연령, 개인 기질, 이전 어린이집의 경험, 부모의 직장 여건 등을 고려하여 최대한 도와준다. 부모와의 면담을 통하여 신입 원아의 식습관, 수면습관이나 수면시간 등의 생활 리듬, 성격, 좋아하는 음식이나 놀잇감, 특별한 질병이나 개별적 요구 등을 파악하고 적응과정에 반영한다.

각기 다른 특성을 가진 영유아들에게 부모가 적응을 도와주는 기본적인 방법은 다음과 같다.

- 영유아에게 어린이집과 교사를 직접 소개한다.
- 부모와 교사가 친밀한 관계라고 느끼도록 즐겁게 대화한다.
- 적응 초기에는 교실에 들어가 함께 놀이한다.
- 헤어질 때는 영유아가 울어도 꼭 인사를 나누고 간다.
- 데리러 오겠다고 약속한 시각을 꼭 지킨다.
- 밤에 잠들기 전 어린이집의 즐거운 기억을 이야기해 준다.
- 어린이집의 긍정적인 부분을 대화 소재로 삼아 긴장을 풀어 준다.
- 지속적인 사랑을 표현하여 헤어져 있어도 사랑함을 알게 한다.

4) 적응과 영유아 행동 특성

(1) 적응 프로그램 진행 원칙

어린이집에서는 영유아가 부모와 헤어지는 것을 두려워하지 않고 안전하고 편안하다는 느낌을 가질 수 있도록, 부모는 새로운 기관에 자녀를 맡기면서 불안을 느끼지 않도록 적응 프로그램을 운영한다. 이러한 과정에서 어린이집의 교직원은 진행 원칙을 가지고 일관성 있게 추진해 나가야 한다. 일반적으로 어린이집이 추진하는 적응 프로그램의 진행 원칙은 다음과 같다(김혜경 · 고미애, 2014).

- 영유아와 보호자가 함께 프로그램에 참여한다.
- 영유아의 적응에 필요한 기본적인 활동(점심, 낮잠 등)을 경험하게 한다.
- 적응 기간 초기의 보육 시간은 약 2~3시간이며, 점차 늘려 간다.
- 영유아의 연령, 기질, 발달, 애착, 적응상태, 가정의 상황 등에 개인차에 따라 기간과 방법을 달리한다.
- 단기간에 적응시키는 것이 중요한 것이 아니라 영유아의 적응 정도에 따라 배려가 필요함을 인지한다.

(2) 부적응 행동 사례와 지도

신입 원아 초기 부적응 행동은 다음과 같은 유형으로 나타난다. 처음 기관에 적응하는 과정에서 나타나는 자연스러운 행동이므로 이해하고 지도 방법을 찾아 적응을 도와준다.

- 어린이집에 가지 않겠다고 떼쓴다.
- 현관에 들어설 때부터 운다.
- 또래와 어울리지 않고 무표정으로 지낸다.
- 교사의 접근에도 반응하지 않는다.
- 간식이나 식사를 거부한다.
- 낮잠 시간에 불안해하고 눕지 않는다.
- 울음이 잦고 자주 칭얼댄다.
- 대소변을 가리던 영유아가 가리지 못하고 퇴행 행동 보인다.
- 집에 가서 아프다고 하거나 자다가 울면서 깬다.
- 집에 가서 어린이집이 싫다고 하거나 교사가 무섭다고 말한다.

부적응 행동을 보이는 영유아에게는 공통으로 다음과 같은 방법을 적용해 보면서 적응을 도와줄 수 있다.

- 영유아가 좋아하는 물건이나 어머니의 물건을 가져오게 해 달래 준다.
- 어린이집 내에서 영유아가 좋아하는 물건이 무엇인지 발견하고 말해 준다.
- 영유아가 즐거워하는 놀이를 발견하고 격려해 준다.
- 영유아가 울 때 마음을 읽어 주고 진정되도록 돕는다.
- 보호자와 통화한다.
- 토닥여 주거나 쓰다듬어 주는 방법으로 교사의 사랑과 관심을 표현한다.
- 긴 시간 부적응 행동을 보이면 앞 단계의 적응 프로그램을 다시 적용한다.

2 적응 프로그램의 실제

1) 진행과정

영유아의 어린이집 적응과정은 여러 가지 요인과 개별 특성을 고려하여 진행한다. 주말을 제외하고 최소 5일 정도로 끝내는 경우도 있지만, 어린 영유아의 적응 프로그램은 느긋하고 자연스럽게 진행되는 것이 바람직하다.

적응 프로그램의 핵심은 보호자와 헤어지는 영유아의 불안과 슬픔을 이해하고 달래 주면서 각 영유아의 개별적인 특성에 따라 자연스럽게 적응과정을 진행하는 것이다. 어린이집에서 주 양육자가 되는 교사와 영유아가 긍정적인 공감대를 형성하여 영유아가 믿고 의지하며 어린이집 생활에 편안하게 임하도록 해 주는 것이다.

한 달 정도의 적응기간을 두고 천천히 진행한다면, 다음의 일정을 참고해 보기를 바란다. 여러 사정상 짧은 시간의 적응 프로그램으로 끝낼 때도 단계별 활동을 참고해 본다.

구분	시간	기간	내용
등원 첫날	9:30~10:30	3월 2일	교실 탐색: 보호자와 함께 등원하여 환경을 둘러보고 귀가한다.
【1단계】 짧게 방문하기	9:30~11:00	3월 3일~ 3월 6일	교사와 친구 소개: 보호자와 함께 등원하여 보호자가 친구들과 교사를 영유아에게 소개시켜 주며 함께 놀이를 한다. 교실에서 짧게 놀이한 후 귀가한다.
【2단계】 부모와 잘 헤어지기	9:30~11:30	3월 9일~ 3월 13일	보호자와 헤어져 보기: 보호자와 함께 등원하여 처음에는 바로 헤어지지 않고 놀이를 하다가 영유아가 안정되면 인사를 하고 교실 밖에서 기다린다. 영유아가 도움을 요청하면 보호자가 도움을 준다.
【3단계】 오전 놀이 점심	9:30~12:30	3월 16일~ 3월 20일	점심 먹기: 보호자는 영유아와 함께 등원하여 보육실 내외의 시설을 탐색하며 함께 놀이하고 점심 후 낮잠 시간 전에 영유아를 데려간다.
【4단계】 낮잠 자기	9:30~15:30	3월 23일~ 3월 27일	낮잠 자기: 보호자는 영유아를 등원시킨 후 낮잠이 깨기 전에 어린이집에 도착하여 영유아가 깨었을 때 안심할 수 있도록 해 준다. 영유아의 수면 습관에 대해 교사에게 잘 전달해 주고 애착을 가진 물건이 있다면 옆에 놓아 두어 잠들게 도와줄 수 있다. 영유아가 안정적이면 낮잠 후 오후 간식 시간까지 참여하고 함께 귀가한다.
【5단계】 온종일 지내기	16:00 이후 개별 귀가	3월 30일~	종일 지내보기: 영유아가 오후 간식을 먹고 난 후 자유로운 시간에 귀가한다.

짧은 일정으로 적응 프로그램을 진행할 때는 다음의 사례를 참고한다.

기간	내용	귀가 시간
등원 첫날	• 짧게 방문하기 • 보호자와 함께 놀이해 보기 • 오전 간식 먹기	• 적응: 10:00~12:00 • 부적응: 10:00~11:00
둘째 날	• 오전 놀이와 점심	• 적응: 10:00~점심 후 13:00 귀가 • 부적응: 10:00~12:00, 점심 전 귀가
셋째 날	• 보호자와 잘 헤어지기 • 선생님과 놀이하기	• 적응: 10:00~점심 식사 후 13:00 귀가 • 부적응: 10:00~12:00, 점심 전 귀가
넷째 날	• 보호자와 웃으며 인사 나누고 헤어져 보기 • 낮잠 자 보기	• 적응: 9:30~낮잠 후 15:30 귀가 • 부적응: 9:30~점심 후 13:00 귀가
다섯째 날	• 친구들과 함께 놀이하기 • 편안한 마음으로 낮잠 자기	• 적응: 9:30~낮잠 후 17:00 귀가 • 부적응: 9:30~점심 후 14:00 귀가
여섯째 날	• 온종일 지내기	• 적응아와 부적응아를 판단하여 보호자와 협의 후 귀가 시간 조정

2) 적응과정의 상호작용

각 영유아가 어린이집에 적응하는 과정에서 교사와의 상호작용은 상황에 따라 적합하게 이루어져야 하며, 신입 원아로 인해 재원생이 혼란하지 않도록 배려한다. 각 단계의 활동에서 교사가 참고할 내용은 다음과 같다.

❶ 등원 초기

영유아가 보호자의 품에 안겨 탐색할 때 영유아와 일정한 거리를 두고 기다려 주면서 영유아의 특성을 파악한다. 보호자로부터 영유아에 관한 정보를 최대한 얻고 적응 프로그램에 협조할 수 있는 분위기를 만든다.

❷ 영유아와 친해지는 과정

보호자와 친근하게 대화하면서 영유아와 보호자, 교사가 편안해지는 분위기를 만든다. 보호자의 품에서 갑자기 데려오는 등의 과정을 피하고 영유아가 좋아하는 놀잇감을 건네는 방법으로 간접적인 접촉을 해 본다.

❸ 부모와의 분리 과정 돕기

이 과정에서도 갑작스럽게 보호자의 품에서 데려오는 방법은 피하고 격리될 때의 불안을 언어(예: 엄마랑 헤어지기 싫구나)로 표현하여 달래 주며 심하게 울더라도 반드시 인사를 나누고 헤어지게 한다. 천천히 인계받아 안아 주고 진정하도록 쓰다듬고 다정하게 대한다.

❹ 첫 점심시간

점심을 제공하기 전인 오전 놀이 시간에 최대한 친밀감을 형성한다. 영유아의 놀이를 언어로 표현하고 격려하면서 안정적인 감정을 갖도록 해 준다. 오전 놀이가 즐겁고 친구들과 익숙해지면 좀 더 편안하게 낯선 식기와 음식을 대할 수 있다. 친구들과 점심을 함께하는 어린이집의 배식과정을 설명하면서 오늘의 메뉴를 소개한다. 점심을 먹어 보도록 유도하지만, 강요하지 않으며 교사가 먹어 주는 것을 시도해 본다.

❺ 첫 낮잠 시간

영유아의 수면습관을 미리 파악하여 필요한 조치를 취한다. 점심시간 후에 낮잠 시간에 대해 설명해 주고 낮잠에 필요한 물건을 보여 준다. 보육실의 채광을 조절하거나 음악을 틀어 주면서 편하게 자기 위해 그렇게 한다고 말해 준다. 쓰다듬거나 자장가를 불러 주는 방법으로 완전히 잠들 때까지 도와준다. 대부분의 신입 영유아가 낮잠에서 깨어난 직후 울음을 터트린다. 깨어난 즉시 안아 주고 다른 친구들의 잠든 모습을 관찰해 보자고 말한다. 자고 일어나는 시간의 편차가 크기 때문에 일찍 깬 영유아들을 위한 조용한 놀이를 준비하여 쉬도록 한다.

❻ 적응 이후의 관리

아직 집단생활이 낯선 영유아는 적응 프로그램이 끝난 시점에서도 가끔 불안하고 보호자와의 분리에 스트레스를 받는다. 신입 원아 적응일지를 작성하면서 개별 영유아의 적응 정도를 평가한다. 적응 프로그램이 더 필요한 경우 보호자와 면담한다. 교사는 전문적인 설득을 통해 앞 단계로 돌아가 다시 시행해 볼 것을 제안한다. 적응상태에 따라 귀가 시간을 조정해 볼 수 있으며 영유아가 잘하는 부분을 중점으로 보호자와 대화를 나누면서 아직 미비한 부분을 보완해 주자고 제안한다. 잘 적응했던 유아도 시간이 지나면서 일시적으로 등원 거부를 하거나 불안 및 퇴행 행동을 할 수 있다는 것을 보호자에게 알리고 보호자와 교사가 지속적으로 칭찬 중심의 애정 표현을 함께 하자는 협조를 구한다. 영유아가 교사를 신뢰하고 편안하게 적응할 수 있도록 끊임없는 관심과 애정을 표현해 주는 것이 필요하다.

3) 부모를 위한 안내

어린이집 생활을 처음 시작하는 신입 원아의 보호자에게는 일반적으로 오리엔테이션 자료를 중심으로 어린이집을 소개하고 적응 프로그램을 시작한다. 신입 원아의 부모를 위한 오리엔테이션 자료는 다음과 같은 내용을 포함한다.

- 어린이집의 보육철학과 목표
- 운영 현황: 연혁, 환경, 보육 시간, 보육료, 반 편성, 보육교직원 현황
- 특이 체질이나 알레르기 증상의 파악
- 전염성 질환이 있을 때 완쾌 후 등원과 소견서 제출 안내
- 투약 의뢰의 방법
- 성인과 함께해야 하는 등·하원 절차 및 귀가동의서 작성
- 어린이집에서 진행하는 표준보육과정과 특색 활동 등을 소개
- 반별 보육 프로그램 및 하루 일과

- 건강 · 영양 · 안전 관리에 관한 사항
- 가족 및 지역사회와 협력하는 방법
- 어린이집운영위원회 소개와 위원 희망자 조사
- 어린이집안전공제회 안내(상해, 화재, 배상 등)
- 다친 영유아에 대한 처리 절차 안내와 응급처치 동의서 작성
- 신입 원아 적응 프로그램의 구체적 단계 안내

오리엔테이션을 실시하는 과정에서 부모의 동의를 구하는 사항은 문서로 그 의견을 보관한다. 몇 가지 동의서의 사례는 다음과 같다.

적응 프로그램 동의서

신입 영유아 적응 프로그램 부모 동의서

아직 어린 나이에 어린이집을 다니고, 낯선 교사나 친구들과 함께 집단생활을 하는 것은 유아에게 매우 큰 사건이므로 심리적 충격을 받지 않도록 차츰차츰 적응해 가는 과정이 꼭 필요합니다. 우리 어린이집은 영유아가 어린이집을 좋아하고 즐겁게 다닐 수 있도록 적응 프로그램을 실시하고 있습니다.

▷ 분리불안: 유아들은 부모와의 강한 애착으로 인해 부모와 떨어지게 되는 경우 불안감이 커질 수 있습니다. 그러나 점차 어린이집에 적응하면서 분리불안이 줄어들어 부모가 자리를 떠나도 별다른 문제없이 다른 성인과 함께 지낼 수 있게 됩니다. 한편 유아의 성향이나 엄마와의 애착이 형성되는 과정이 유아마다 각기 달라 어린이집과 교사에게 적응하는 모습과 기간은 차이를 보일 수 있습니다.

신입 원아 적응 프로그램				
4(월)	5(화)	6(수)	7(목)	8(금)
← 자유 등원~11시 00분(점심 전 하원) →			← 자유 등원~12시 30분 하원 (점심 후 하원) →	

어린이집은 평가인증지표 중 제2영역(보육환경 및 운영관리 2-3-3항목)에 명시된 신입 영유아 적응과정을 최소 5일 이상 진행합니다.

유아반의 경우 각 반 사정에 따라 적응 일수가 늘어날 수 있으며 개인차를 고려합니다.

이에 따라 협의된 ○○○어린이집의 적응 프로그램에 동의합니다.

이름: ______________(인)

신입 원아 물품구입(입소비) 신청서

물품	금액	신청 여부
어린이집 가방	25,000원	○ / ×
낮잠 매트 커버	25,000원	○ / ×

* 입소는 3월 첫째 주에 문자로 공지합니다.

20　　년　　월　　일 반명: ______________ 이름: ______________

특별활동 프로그램 동의서

특별활동 프로그램 실시 동의(요청)서(만 4세)

어린이집에서는 「영유아보육법」 제29조 제4항에 따라 보호자의 동의(요청)를 받아 아래와 같이 특별활동 프로그램을 실시하려고 합니다. 영유아를 특별활동 프로그램에 참여하게 하실 보호자께서는 참여 여부를 해당란에 표시하고 동의(요청)하여 주시기를 바랍니다. 참고로, 특별활동 프로그램에 참여하지 아니하는 영유아에 대해서는 특별활동 프로그램을 대체할 수 있는 프로그램을 함께 마련하고 있음을 알려 드립니다.

특별활동 프로그램						참여 여부
명칭	내용	실시 횟수 (주 · 월)	요일	운영 시간	비용 (원)	
영어	English do	주 2회	월, 수	13:00~13:30	21,000	
미술	창의 조형	주 1회	화	13:00~13:30	19,000	
체육	체육	주 1회	금	13:00~13:30	9,000	
		회		~		

* 각 반 사정에 따라 시간이 변동될 수 있습니다.

영유아 성명: (생년월일: 년 월 일)
동의(요청)자(보호자) 성명: (서명)

년 월 일

※ 과도한 특별활동은 영유아의 인지, 사회정서 발달에 부정적 영향을 미칠 수 있습니다.
※ 서울시는 우리 아이들이 지나친 학업에서 벗어나 충분한 놀이, 여가 및 휴식과 수면을 가질 수 있는 환경 조성을 위해 노력하고 있습니다.

<table>
<tr><th colspan="5">등원 및 귀가 동의서</th></tr>
<tr><td>반명</td><td></td><td>영유아명</td><td colspan="2"></td></tr>
<tr><td>등원 시간</td><td>(오전) 시 분</td><td>등원 시 보호자</td><td colspan="2">□부모 □조부모 □기타</td></tr>
<tr><td>귀가 시간</td><td>(오후) 시 분</td><td>등원·귀가 방법</td><td colspan="2">□도보 □자가 □기타</td></tr>
<tr><td rowspan="2">귀가 동의자</td><td>성 명:</td><td>관 계:</td><td colspan="2">연락처:</td></tr>
<tr><td>성 명:</td><td>관 계:</td><td colspan="2">연락처:</td></tr>
<tr><td rowspan="2">학원 이용</td><td>학원명:</td><td>관 계:</td><td colspan="2">연락처:</td></tr>
<tr><td>학원명:</td><td>관 계:</td><td colspan="2">연락처:</td></tr>
<tr><th colspan="5">귀가 동의서</th></tr>
<tr><td colspan="5">위 영유아의 귀가 시 위의 보호자에게 인도하여 주십시오.
위의 보호자 이외의 다른 사람에게 인계할 때는 사전에 반드시 연락을 취하겠습니다.

날짜: 년 월 일 성명: ____________ (서명 또는 인)</td></tr>
<tr><th colspan="5">등원·귀가 시 유의 사항</th></tr>
<tr><td colspan="5">※ 부모님의 상황이 변함에 따라 등원과 귀가에 관한 내용이 변동될 경우에는 반드시 어린이집으로 알려 주시기를 바랍니다.
※ 귀가 시 인계자 명단에 기재되지 않은 성인이 아동을 귀가시킬 수밖에 없는 경우 부모는 사전에 알려 주어야 영유아를 데리고 갈 수 있습니다.
※ 위 아동이 기록된 사항에 의해 등원 및 귀가할 수 있도록 약속을 부탁드립니다.
※ 우리 어린이집에서는 부모님이 원하시더라도 영유아를 보호자 없이 혼자 귀가시키지 않습니다.
※ 등원 및 귀가 동의서는 자필로 기재하고 서명해 주시기를 바랍니다.</td></tr>
</table>

영유아 및 보호자 개인정보 수집 · 이용 동의서

본인은 ______________어린이집 이용과 관련하여 ______________ 및 본인에 대한 개인정보의 제공에 대해 아래와 같이 동의합니다.

- **개인정보의 수집 · 이용 목적**
    - 이용자 확인 및 최적의 서비스를 제공하기 위한 통계 · 분석 자료로 활용
    - 고지 사항 전달, 민원처리 등을 위한 원활한 의사소통 경로의 확보
    - 효율적인 업무 추진을 위한 보육통합정보시스템 사용
      - 아동 관리 기초 자료, 보육과정 운영, 부모상담, 보험 가입, 응급 치료, 입소 순위 산정, 가정통신문 발송, 증명서 발급, 지원금 신청, 보육료 및 기타 수납금 결제 · 환불, 지방자치단체 보고에 이용
    - 범죄 예방, 시설 안전, 영유아의 안전사고 예방, 아동학대 등 아동의 인권보호와 관련한 영상기록물(CCTV 촬영)의 열람(어린이집 내에서만 열람 가능. 외부 유출 방지)
      - 기타 ______________어린이집의 제반 업무에 이용

- **개인정보의 보유 · 이용 기간**
    - 개인정보의 수집 · 이용 목적이 달성될 때까지 보유 · 이용(단, 관계 법령의 규정에 의하여 보존할 필요가 있는 경우 관계 법령이 정한 기간 동안 보관)

- **개인정보의 수집 항목 및 동의 거부 관련**
    - 귀하는 개인정보의 수집 또는 이용에 동의하지 않을 권리가 있으며, 동의하지 않을 경우 어린이집 이용이 제한 또는 거부될 수 있음을 알려 드립니다.

    가. 일반 정보 항목: 아동 성명, 성별, 집 주소, 집 전화번호, 보호자 성명, 직업, 긴급 연락처

    개인정보 수집 및 이용에 동의함 □
    개인정보 수집 및 이용에 동의하지 않음 □

나. **민감정보 항목**: 국적, 장애 유무, 병력, 혈액형, 신체발달 상황, 예방접종, 생활습관, 가구정보, 보육료 지원 통보서, 입소 순위 증명서류

민감정보 수집 및 이용에 동의함 □
민감정보 수집 및 이용에 동의하지 않음 □

다. **고유 식별정보 항목**: 주민등록번호(또는 외국인등록번호), 은행 계좌번호

고유 식별정보 수집 및 이용에 동의함 □
고유 식별정보 수집 및 이용에 동의하지 않음 □

- 개인정보 보호 책임자

_______________어린이집은 개인정보를 보호하고 이와 관련한 불만을 처리하기 위하여 아래와 같이 개인정보 보호 책임자를 지정하고 있습니다. 귀하께서는 어린이집 서비스를 이용하시면서 발생하는 개인정보 보호 관련 민원을 개인정보 보호 책임자에게 신고할 수 있습니다. 이용자의 신고 사항에 대해 신속하게 충분한 답변을 드릴 것입니다.

소속	개인정보 보호 책임자	직위	연락처	이메일
어린이집		원장		

본인은 상기와 같은 개인정보 수집 및 이용과 관련한 내용을 확인하고 이에 동의합니다.

20　　년　　월　　일

보호자 성명: _______________(인)

영유아의 관계: _______________ 연락처: _________________________

○○○어린이집 원장 귀하

CCTV 촬영 동의서(부모용)

○○○어린이집은 어린이집 내 안전사고 예방 및 아동의 인권보호를 목적으로 CCTV를 설치하고 있습니다. CCTV 촬영은 사고 발생 시 사고 원인을 파악하기 위해 24시간 녹화되고 있음을 알려 드리며, 영유아와 보육교직원의 '사생활 비밀과 자유' 등 인권침해 방지를 위해 외부 유출과 이외의 다른 목적으로 사용하지 않습니다.

- ○○○어린이집의 CCTV 촬영 동의 여부를 아래에 표기해 주시기를 바랍니다.

1. CCTV 촬영 목적
   1) 영유아의 안전한 생활과 보호
   2) 어린이집의 규정과 주변 안전수칙을 준수
2. 촬영 장소
   어린이집 건물 내·외부 시설, 출입구

본인은 어린이집의 CCTV 촬영에

동의합니다. (　　)
동의하지 않습니다. (　　)

20　　년　　월　　일

영유아 성명: ____________ 학부모 성명: ____________(인)

○○○어린이집 원장 귀하

4) 교사의 준비

적응 프로그램의 성공 여부에 중요한 요인은 양육을 제공하는 자이므로 보육교사 역시 부모 못지않게 최대한의 배려를 위해 노력해야 한다. 교사는 다음과 같은 배려를 해 볼 수 있다.

- 현관 입구나 교실 앞은 환영하는 느낌으로 장식한다.
- 부모와 교사가 친밀한 관계라고 느끼도록 즐거운 표정으로 대화한다.
- 초기에는 신체적 접촉을 서두르지 않고 영유아에게 탐색 기회를 충분히 준다.
- 연령별로 선호하는 교구를 전시하여 직접 만져 보게 한다.
- 영유아가 좋아할 놀잇감을 준비하여 건네준다.
- 영유아가 좋아할 놀잇감은 여러 개 준비하여 다른 친구의 것이 갖고 싶어서 울거나 떼쓰는 일이 생기지 않게 한다.
- 신발장이나 사물함에 영유아의 사진과 이름을 붙여 둔다.
- 공간이 여유롭다면 보호자와 함께 사진을 찍는 포토존(photo zone)을 만들고 활용한다.
- 영유아가 좋아하는 베개나 인형, 놀잇감을 가져오게 한다.
- 귀가할 때는 보호자에게 어린이집에서 영유아가 즐거웠던 일에 대해 대화하도록 부탁한다.

5) 적응 프로그램 운영의 고려 사항

신입 원아 적응과정을 운영할 때 고려할 사항은 다음과 같다(보건복지부·한국보육진흥원, 2017).

- 부모의 여건상 단축보육을 실시할 수 없을 경우에는 영유아의 적응을 도울 수 있는 정보를 서로 긴밀하게 교환하며 부모와 함께 노력한다.

- 신입 원아의 적응을 돕는 과정은 영유아의 연령, 개인적인 기질, 이전 어린이집의 경험, 부모의 직장 여건 등을 고려하여 영유아에게 최대한 도움이 되도록 한다. 부모와의 면담을 통하여 신입 원아의 식습관, 잠자는 습관이나 시간 등의 생활 리듬, 성격, 좋아하는 음식이나 놀잇감, 특별한 질병이나 개별적 요구에 대한 정보를 미리 파악한다.
- 각 가정의 상황과 영유아 개개인의 상황을 고려하면서 점차 적응 절차를 진행한다.
- 신입 원아로 인해 어린이집에 재원하고 있는 영유아들에게 혼란이 생기지 않도록 재원아도 함께 배려하는 노력을 해야 한다.

3 적응 프로그램 운영 평가

1) 관찰일지 작성

교사는 신입 원아들을 위한 관찰일지를 작성하여 지도 방법을 모색한다. 신입 원아의 적응에 대해 관찰일지를 작성하고 지도 방법을 찾는다. 대부분의 기관에서는 작성된 관찰일지를 매월 원장의 결재를 받은 후 보관한다.

영유아반의 신입 원아 관찰일지에는 다음과 같은 내용이 포함될 수 있다.

- 영유아 이름, 생년월일, 관찰자 이름
- 등·하원 시 교사에 대한 반응과 건강상태
- 실내 놀이에서 놀이 행동과 접근 방법, 소유 욕구
- 실외 놀이에서 놀이 행동과 접근 방법, 소유 욕구
- 음식에 대한 반응과 스스로 먹을 수 있는 자조 능력의 정도
- 대소변 가리기 수행 정도, 낮잠, 손 씻기, 정리·정돈 등 기본 생활습관

- 언어 능력에서의 이해하고 표현하는 정도
- 교사의 평가와 향후 지도계획 및 참고 사항

현장에서 사용되는 관찰일지의 사례는 다음과 같다.

영아반 적응 관찰일지

영아명: ______________ 생년월일: _________년 ____월 ____일(____개월)
관 찰 자: 김○○

구분		년 월 일(요일)
등 · 하원 (교사에 대한 반응, 건강상태)		
실내 놀이 (접근 방법, 놀이 행동, 소유 욕구)		
실외 놀이		
기본 생활 습관	식습관 (자조 능력, 음식에 대한 반응)	
	대소변 가리기	
	낮잠	
	손 씻기	
	정리 · 정돈	
언어 (수용, 표현 정도)		
교사 지도계획 및 참고 사항		

유아반 적응 관찰일지

반명: ______________ 유아명: ______________ 생년월일: ________년 ____월 ____일

관 찰 자: 나○○

구분		년 월 일 요일
등원	보호자와의 관계	
	교사에 대한 반응	
	건강상태	
실내외 놀이	놀이에 대한 접근 반응	
	놀이 행동	
	놀잇감 소유 욕구	
교사, 또래에 대한 반응		
간식 및 식사	자조 능력	
	음식에 대한 반응	
낮잠		
배변 의사 및 기본 생활습관		
하원		
교사 지도계획 및 참고 사항		

2) 평가

적응 프로그램의 평가를 위해 진행하는 중에 부모에게 다음과 같이 질문한다. 이러한 평가는 이후 영유아의 적응을 돕는 데 활용한다.

- 어린이집에 오는 것을 즐거워하는지
- 아침에 혼자서 잘 일어나고 어린이집에 가자고 하는지
- 부모와 잘 헤어지는지
- 집에서 어린이집으로 가져오고 싶어 하는 물건이 있는지
- 어린이집에서 만나는 친구에 대해 말을 한다면 어떤 내용인지
- 어린이집에서 있었던 일을 이야기해 주는지
- 어린이집에서 접한 간식과 식사에 대해 어떻게 말하는지
- 어린이집에 다니면서 영유아에게 변화가 생겼다면 어떤 점인지
- 적응 프로그램 동안 접한 어린이집의 환경은 청결하고 안전한지
- 어린이집에는 영유아가 좋아하는 놀잇감과 장소가 있는지
- 어린이집 선생님들이 영유아를 존중하고 적절한 언행을 보이는지
- 적응 프로그램에 대해 충분하고 구체적으로 안내를 받았는지
- 영유아와 보호자가 어린이집에서 시행하는 적응 프로그램에 만족하는지
- 영유아를 어린이집에 보내는 것이 가정생활이나 직장생활에 도움이 되는지

Chapter 8

영유아와의 상호작용

상호작용의 과정에서 교사는 안정되고 자신감 있는 태도로 임한다. 자연스러운 표정으로 영유아들과 눈을 맞추는 일상이 필요하다. 모든 일과에서 지켜야 할 기본적인 상호작용 방식은 다음과 같다.

- 대화하는 과정에서 영유아의 이름을 자주 불러 준다.
- 영유아의 행동이나 의견을 존중하고 인정해 준다.
- 집단으로 보육하고 있지만 개별적인 접촉을 많이 한다.
- 영유아의 표현에 개별적으로 반응해 준다.
- 발달에 적합한 어휘와 행동으로 반응해 준다.
- 영역별 목표에 맞춰 발문한다.
- 영유아의 행동을 문장으로 묘사해 준다.
- 영유아의 실수도 이해하고 존중해 준다.

저자의 어린이집에서는 교사실에 다음과 같은 목록을 게시하고, 모든 일과에서 반성적 사고로 자신의 상호작용을 각자 점검한다.

1. 영유아와 자주 눈을 마주치고 칭찬과 격려로 자신감을 준다.
2. 영유아에게 소리를 지르거나 방치하지 않는다.
3. 또래에게 표현하는 법을 알려 준다.
4. 규칙과 약속을 지키도록 긍정적인 방식으로 격려한다.
5. 영유아를 부를 때 '야', '너', '얘'라고 하지 않고 이름을 자주 불러 준다.
6. 영유아를 비꼬는 말을 하지 않는다.
7. 영유아의 의사 표현을 무시하거나 얼굴을 쳐다보지 않고 말하지 않는다.
8. 화내거나 짜증 내는 표정, 비웃음 등을 보이지 않는다.
9. 팔을 잡아당기거나 밀치는 행동으로 거세게 제압하지 않는다.
10. 영유아의 행동이나 의견을 존중하고 인정해 준다.
11. 집단으로 보육하고 있지만 개별적인 접촉과 반응을 많이 한다.
12. 영유아의 실수(흘리기, 용변, 넘어짐 등)도 이해하고 존중해 준다.
13. 편식, 싸움, 떼쓰는 행동, 친구 방해 등 문제행동의 지도 방법을 안다.

14. 표준보육과정 및 누리과정의 영역별 목표를 알고 목표에 맞춰 발문한다.
15. 문제가 발생되지 않게 하는 환경을 구비하고 적절하게 개입한다.
    (흥미 영역 간 통로 확보, 충분한 놀잇감 제공, 발달에 적합한 놀이 지도)
16. 끼적이기 등 언어활동을 위해 다양한 종이와 쓰기 도구를 제공한다.
17. 영유아의 행동을 문장으로 묘사해 준다.
18. 기관의 최종 실력은 교사의 상호작용 실력으로 평가됨을 알고 있다.
19. 내 기관의 동료, 영유아의 부모와도 편안한 상호작용을 하고 있다.
20. 나 자신의 상호작용에 대해 자율적으로 분석하고 개선점을 찾는다.

출처: 보건복지부·한국보육진흥원(2017), '아동학대 예방을 위한 자가 체크리스트 기준' 일부.

1 목표 영역별 상호작용

영유아기관의 수업은 여러 영역을 통합한 놀이중심 활동이므로 한 영역에 치우치지 않으면서 상호작용을 해야 한다.

1) 신체운동 · 건강 영역

유아는 신체운동·건강 영역 활동에, 영유아는 기본생활 영역과 신체운동 영역 관련 활동에 참여하도록 유도한다. 이 영역에서는 실내외 공간에서 대근육 발달을 위한 신체활동에 자발적으로 참여하고, 눈과 손의 협응과 소근육 조절 능력을 향상하는 신체활동을 경험하며, 일과 중 건강하고 안전한 생활습관을 기르는 경험을 하게 한다.

교사는 다음과 같은 상호작용을 할 수 있도록 환경을 구비하고 지도한다.

❶ 다양한 감각활동을 경험하도록 유도하는 대화

- 인터폰 소리가 들리는데 누가 왔을까?

- 이 음식은 이름이 뭘까? 단호박은 정말 단맛이 난다. 오늘 점심의 맛있는 고기는 어떤 냄새가 나지?
- 선생님이 새로 준비한 점토는 어떤 느낌인지 만져 볼까? 점토색이 변했네? 빨간색과 흰색을 합하니까 어떤 색이 되었지? 맞아, 분홍색이야. (점토놀이를 하는 동안 차분한 음악 들려주기)

❷ 신체 움직임을 경험하도록 유도하는 대화

- 선생님이 바닥에 도로를 만들었는데 음악에 맞춰 이 위를 걸어 볼까?
- (커다란 블록, 다양한 크기의 공 등을 이용하여) 이 블록을 징검다리처럼 건너볼까? 큰 공을 느리게 잡으러 가 보자.

❸ 소근육 발달 유도

- 예원이가 블록을 꺼내 볼까?
- 컵에 물을 따라 보자. 물소리가 어떻게 나지?
- 선생님이 첫 번째 단추를 끼워 볼 테니까 수진이가 두 번째부터 끼워 볼까?
- 죔죔[7], 곤지곤지[8]해 볼까?

❹ 일과 중 건강하고 안전한 생활습관을 기를 수 있는 경험 유도

- 밥을 이렇게 어금니에 올려놓고 꼭꼭 씹어 보자.
- 콩나물무침을 먹어 봤는데 깨가 씹혀서 정말 고소해. / 고등어를 잘 먹으면 뼈가 튼튼해지고 머리도 좋아진단다.
- 선생님처럼 이렇게 비누를 바르고 손바닥과 손등, 손가락 사이를 문질러 볼까? (손 씻기 노래 불러 주기)
- 인형 아기가 목욕을 하고 나니 깨끗하고 예뻐졌네.
- △△반이 모두 좋은 꿈을 꿀 수 있게 자장가를 틀어 줄게. 이 음악을 들으면서 누워 있으면 편안해질 거야.

---

7) 양손을 쥐었다 폈다 하는 동작

8) 왼손 손바닥에 오른손 집게손가락 끝을 댔다 뗐다 하는 동작

2) 의사소통 영역

(1) 유아

유아는 일상생활에 필요한 의사소통 능력과 바른 언어 사용 습관을 기를 수 있는 활동의 경험에 중점을 둔다.

❶ 일과 중 자기 생각이나 느낌을 자연스럽게 말로 표현할 수 있는 다양한 경험

- 나비 비퍼[9]는 바닥에서 먹이를 먹는구나. 어떻게 움직이면서 먹는지 볼까?
- 물속에 담가 둔 관음죽에서 이파리가 생겼어. 언제 솟아 나왔지?
- 준석이 눈은 엄마랑 똑같구나. ('닮은 곳이 있대요' 노래 불러 주기)
- 아빠가 시영이를 안고 웃고 계시는 걸 보니 참 행복한 가족 같다. ('가족' 노래 불러 주기[10])

❷ 자연스러운 책 읽기

- 오늘은 어떤 책을 읽어 볼까? (자신이 읽고 싶은 책을 스스로 선택하여 읽거나 교사가 개별적으로 그림책을 읽어 줌. 교실의 언어 영역에 수업의 주제와 관련된 도서들을 배치하고 자연스러운 책 읽기를 유도함)

(2) 영유아

영유아는 주변의 소리와 말소리에 관심을 가지고 의사소통 능력의 기초를 기를 수 있는 활동에 참여하는 것에 중점을 둔다.

❶ 일과 중 개별 이야기 나누기

- 도경이는 나비 머리핀을 정말 좋아하는구나.
- 우리가 놀이터에서 찍은 사진에는 어떤 친구들이 있었지? (친구와 관련된 노래를 함께 부르기)

---

9) 수족관에서 기르는 작은 물고기 이름

10) 가족 노래만 들어 있는 CD 상품도 있음

- 현서네 가족사진을 보니 현서와 준서의 눈이 정말 많이 닮았구나.
- 채윤이 엄마는 누구를 보며 웃고 계시지? ('가족' 노래 함께 부르기)

❷ 그림책을 활용한 상호작용

- 안녕, 준이야! 나는 바다에 사는 고래야. 너는 누구니? (일과 중 영유아가 원할 때 교사가 개별적으로 그림책을 반복하여 읽어 주면서 영유아가 좋아하는 장면을 상호 대화하듯이 리듬 있는 억양으로 이야기 들려주거나 관련 노래 불러 주기)

❸ 끼적이기를 즐기도록 유도

- 민수는 무엇을 그렸니? 이 사람은 누구니? (영유아가 원할 때 자발적이고 쉽게 끼적이기나 그림 그리기를 즐길 수 있도록 다양한 종이와 필기도구를 상시 비치함. 그 내용에 관한 이야기 들어 주기를 통해 음악활동에서의 표현력을 증진시킴)

3) 사회관계 영역

(1) 유아

자신을 존중하고 다른 사람과 더불어 생활하는 능력과 태도를 기를 수 있는 활동 경험에 중점을 둔다.

❶ 일상에서 자아 존중감을 높이는 대화와 구체적 문장의 모델링

- 혼자서도 손을 잘 씻는구나.
- 친구의 손을 잡아 도와줬구나.
- 친구에게 함께 놀자고 했구나. ('꼭꼭 약속해' 노래 불러 주기)
- 바닥의 휴지를 주워서 쓰레기통에 넣어 주니 우리 교실이 깨끗해졌구나.

❷ 자신의 가족이나 친구의 가족에게 관심을 가지고 소중하게 여기는 대화와 인사

- 민준이가 오늘은 할아버지와 어린이집에 왔구나. 민준이 할아버지께 '안녕하세요.' 라고 인사할까?

- 수지 동생이 태어났었는데 오늘은 엄마 품에 안겨서 언니를 따라 어린이집에 왔구나. 수지 엄마께 아기 이름이 뭔지 물어볼까? ('가족', '내 동생', '옛날 옛적에' 등의 노래를 불러 주기)

❸ 친구의 소중함을 알고 바람직한 관계 형성과 유지를 위해 놀이에서 의견 나누기

- 서율아, 영광이와 함께 이 블록으로 자동차 만들어 볼까? 어떤 색의 자동차가 좋을까? 영광이는 빨간색이 좋고 서율이는 초록색이 좋구나. 좋아하는 색으로 자기가 타고 싶은 자동차를 만들어 보자. 자동차 안에 누가 타면 좋을까? ('자동차', '장난감 기차' 등의 노래 불러 주기)

❹ 다른 사람과 도움을 주고받으며 협력하는 경험 제공

- 민서야, 선생님이 이 인형들을 이쪽으로 옮겨 주고 싶은데 너무 많아서 민서가 좀 도와주면 좋겠어.
- 혜정아, 팔이 불편한 세윤이의 간식 그릇을 대신 정리해 줄 수 있을까? 지난번에 세윤이가 혜정이 이불 정리를 도와줬을 때 선생님은 기분이 참 좋아서 칭찬해 주고 싶었어. ('정리할 시간' 노래 불러 주기)

❺ 우리 동네 이름, 다양한 직업 등 지역사회의 특성에 대한 구체적 경험

- 우리 동네에 있는 이 도로의 이름은 무엇일까?
- 우리가 사는 아파트 외에 어떤 건물이 있을까?
- 우리 동네에서 가장 높은 건물은 어디에 있을까? 그 건물에서 사람들은 어떤 일을 할까? ('우리 동네' 노래 불러 주기)

(2) 영아

영아를 위한 사회관계 영역의 상호작용은 자신을 인식하고 친숙한 사람과 관계를 형성하여 다른 사람과 더불어 생활하는 경험을 강조하고 있다.

❶ 반복되는 일상적 양육에서 자신을 알아가는 경험

- 하윤이 사진이 ○○반 교실에 있네. (영유아의 사진을 교실 여러 곳이 게시하고 사

진을 볼 때마다 영아의 이름을 친숙하게 불러 주기)
- 다리를 높이 들어 주니까 기저귀를 갈기가 편하구나. 고마워. 이제 다 갈았어. 보송보송하니까 기분 좋지? (기저귀를 가는 동안 영아가 전신 거울을 통해 자신의 신체를 보고 움직일 때 교사는 영아의 시선을 따라가면서 말해 주기)
- 거울 속에 라임이의 얼굴이 보이네. 이마에 모기 물려서 가려웠지?

❷ 영아가 원할 때 언제나 듣고 볼 수 있게 해 주어 가족이 가까이에 있다고 느끼도록 지원
- 이 노랫소리는 누가 노래하는 소리야? 여기 춤추는 사람은 도담이 오빠구나. (가족 사진이나 목소리가 있는 영상 등을 교실에 비치하고 이야기 나누기. 가족이 들려준 동화나 노래 등을 녹음한 소리, 가족과 주말에 찍은 사진, 가족이 영아를 그린 그림, 가족과 함께 만든 인형 등을 교실에 두고 함께 놀이하기)

❸ 또래에게 관심을 갖고 함께 지내는 경험이나 또래 정서를 언어로 표현
- 혜인아, 영창이가 왜 울까? 저렇게 큰 소리로 우는 걸 보니 정말 속상한 일이 있나 봐. 한번 물어보자.
- 이 얼굴은 누구야? (같은 반 친구 사진을 교실에 비치해 찾아보고 이름을 말해 보기)
- 예린이가 신나게 춤을 추고 있네. 기분이 너무 좋은가 봐. 주연이도 함께 춤춰 볼까?

4) 예술경험 영역

❶ 영유아가 자기 생각과 느낌을 노래, 리듬, 움직임으로 표현하고 즐기는 경험
- 음률 영역이나 일상에서 교사와 영유아가 좋아하는 노래를 함께 부르기
- 악기나 사물, 손과 발로 리듬에 맞춰 리듬이 있는 소리를 만들고 즐기기
- 일과 중 영유아가 자발적으로 악기를 다룰 때 제지하지 않고 '주홍이가 악기로 맞춰 주니까 노래가 더 재미있다. 박자를 잘 맞추는구나.' 등의 말로 격려하기
- 악기나 사물을 가지고 거울을 보며 음악에 따라 즐기는 활동도 격려하기

❷ 영유아가 다양한 미술 자료를 활용하여 원하는 방식으로 입체나 평면으로 꾸며 보는 활동
- 잡지, 다양한 질감의 종이, 돌이나 낙엽 등의 자연물, 폐품, 크기가 다양한 상자, 찰

흙, 노끈, 실 등의 자료를 준비해 주기

- '접으면 어떤 모양이 될까? 쌓아 올려보자. 잘라 볼까? 찍으면 어떤 모양이 나올 것 같니?' 등의 말로 유도하기
- 교사가 계획한 활동 외에 영유아가 원하는 것을 꾸미거나 다른 것을 만들 때 '그런 생각도 했구나. 멋지겠다. 더 쌓아 올려보자.' 등의 말로 지원하기

5) 자연탐구 영역

❶ 영유아가 주변 환경에서 쉽게 접하는 다양한 사료를 감각직으로 탐색하는 경험

- 하나야, 이 종이를 만져 보니 느낌이 어떠니?
- 정말 맛있는 냄새가 나는데 오늘 점심은 뭘까?
- 오늘 하늘은 정말 맑구나.
- 바람 소리가 어제랑 다른 것 같아. ('겨울바람' 노래 불러 주기)

❷ 주변 환경에서 쉽게 접할 수 있는 사물을 이용한 수 세기, 비교 등의 수 활동

- 0~1세반
  - 있음과 없음을 구별하고 1개와 여러 개의 수량을 지각하는 경험을 위해 "선생님이 가져온 통에는 파랑 색연필과 빨강 색연필이 많아. 노랑 색연필은 없어요."라고 말하면서 놀이 자료를 제공하기
- 만 2세반
  - 많음과 적음을 구별하게 되고 3개가량의 구체물을 세어 보는 과정에서는 교실 내 준비된 놀잇감을 이용하기
  - 영유아의 갈등 상황을 줄이기 위해 동일한 놀잇감을 3개 이상 준비한 경우가 많기 때문에 "이 인형이 하나, 둘, 셋! 하율이, 윤이, 도윤이 이렇게 셋이 하나씩 가지고 놀 수 있겠다."라고 말하며 상호작용하기
  - 일대일로 대응하면서 수량을 인식하게 하기 위해 점심시간에 '선생님이 포크와 숟가락을 1개씩 짝지어 놓아 볼게. 너희도 해 볼 수 있겠니?' 등의 말로 대화하기

❸ 자연 현상, 친근한 동식물, 자연물을 직접 관찰하거나 관련 자료를 감각적으로 탐색하는 경험

- 날씨의 변화와 자연물을 관찰할 수 있도록 다양한 모양의 잎사귀, 낙엽, 다양한 표면의 돌, 나무토막, 열매 등의 자연물을 교실에 비치하고 지속적으로 관심을 유도하기
- 잎사귀 모양이 변한 것 같아, 왜 그럴까? 가장 커다란 낙엽은 어떤 것일까?
- 이 돌을 만져 보니 느낌이 어땠니?
- 나무토막에 무늬가 있어. 돋보기로 자세히 관찰해 볼까? ('봄 여름 가을 겨울' 노래를 들려주거나 함께 부르기)

2 일과별 상호작용

상호작용의 과정에서 교사는 안정되고 자신감 있는 태도로 임한다. 자연스러운 표정으로 영유아들과 눈을 맞추는 일상이 필요하다. 모든 일과에서 지켜져야 할 기본적인 상호작용 방식은 다음과 같다.

- 대화하는 과정에서 영유아의 이름을 자주 불러 준다.
- 영유아의 행동이나 의견을 존중하고 인정해 준다.
- 집단으로 보육하고 있지만 개별적인 접촉을 많이 한다.
- 영유아의 표현에 개별적으로 반응해 준다.
- 발달에 적합한 어휘와 행동으로 반응해 준다.
- 영역별 목표에 맞춰 발문한다.
- 영유아의 행동을 문장으로 묘사해 준다.
- 영유아의 실수도 이해하고 존중해 준다.

'제3차 어린이집 평가인증 안내 통합지표'(보건복지부 · 한국보육진흥원, 2017, p. 170)에서는 영유아를 존중하지 않는 말과 행동의 사례로 세 가지를 제시하고 있다.

- 영유아의 이름을 부르지 않고 반복적으로 '야', '너', '얘' 등 위압적으로 부르는 경우
- 표면적으로 존댓말을 사용하지만 영유아를 비꼬는 말을 하는 경우
- 대화 시 얼굴을 쳐다보지 않음, 짜증 내는 표정, 비웃음, 팔을 잡아당기는 행동

이와 같은 상호작용 방식을 염두에 두고 교사가 각 일과에서 펼쳐야 할 문장을 정리해 보았다. 획일적이고 지시적인 교사의 수업방식이 아닌, 영유아의 마음을 읽어 주고 개별 특성을 존중하면서 편안한 분위기의 교실에서 영유아들은 창의적이고 도전적인 성향을 갖게 된다. 모든 일과에서 상호작용을 주고받을 때 관련된 노래를 불러 주거나 동화를 들려주면서 진행할 수 있다.

1) 등원

- 어린이집에서 정말 맛있는 냄새가 나는데 오늘 아침 간식이 뭘까?
- 인터폰 소리가 들리는데 누가 왔을까?
- 민준이가 오늘은 할아버지와 어린이집에 왔구나. 민준이 할아버지께 안녕하세요? 라고 인사할까?
- 유나는 눈 주변이 부었구나. 그랬어? 모기에 물려서 그렇구나.
- 준석이 이마가 좀 뜨겁구나. 열이 났는지 엄마에게 여쭤 볼게.
- 윤우야, 이마에 상처가 있네. 왜 그래?
- 장수풍뎅이가 오늘 아침에는 어제보다 더 빨리 움직이는구나.
- 토끼가 그려진 옷을 입고 왔네. 우리 반에 토끼 인형이 있지? 오늘은 어디에 있을까?
- 어제 읽은 책 재미있었지? 오늘은 어떤 책을 읽어 볼까?
- 현서네 가족사진을 보니 현서와 준서의 눈이 정말 많이 닮았구나.
- 채윤이네 가족사진에서 엄마는 누구를 보며 웃고 계시는지 보러 들어가자.
- 엄마께 "잘 놀겠습니다."라고 인사하고 손 씻으러 가자. 맛있는 간식이 있어. 뭘까?

- 주은이는 감기가 오래 가는구나. 힘들지? 기침이 심하네. 손으로 이렇게 가리고 하자.

2) 자유놀이

- 서희가 흥얼거리는 노래가 어떤 노래지? 선생님도 함께 불러 보고 싶다.
- 선생님 연주에 맞춰 노랫말을 만들어 볼까? (음률 영역에서 우쿨렐레 등으로 두 마디 정도의 선율을 들려주고 노랫말 만들어 보기)
- 선생님이 새로 준비한 점토는 어떤 느낌인지 만져 볼까? 점토색이 변했네? 빨간색과 흰색을 합하니까 어떤 색이 되었지? 맞아, 분홍색이야.
- 도훈이가 예린이에게 함께 놀자고 했구나.
- 준영이가 블록을 꺼내 볼까? 이 블록 위로 징검다리처럼 건너볼까?
- 서율아, 영광이와 함께 이 블록으로 자동차 만들어 볼까? 어떤 색의 자동차가 좋을까? 영광이는 빨간색이 좋고 서율이는 초록색이 좋구나.
- 좋아하는 색으로 자기가 타고 싶은 자동차를 만들어 보자. 자동차 안에 누가 타면 좋을까?
- 자동차 길을 만드는데 함께 만들어 줄 사람이 필요해. 누가 함께 하면 좋을까?
- 재훈이는 배 접기를 하고 싶었어? 하고 싶은 것 해도 돼.
- 풀 그림 놀이를 재미있게 하려면 5명씩 하는 게 좋을 것 같아. 5명이 하고 있으니까 다른 놀이 먼저 하고 있으면 좋겠다. 친구가 다 하면 수현이에게 알려 줄게.
- 인형 아기가 목욕을 하고 나니 깨끗하고 예뻐졌네.
- 아기가 자네요. 새온이가 안아 주고 싶어요?
- 우리가 뿌려놓은 씨앗에서 싹이 올라왔어.
- 혜인아, 영창이가 왜 울까? 한 번 물어보자.
- 인형이 하나, 둘, 셋! 하율이, 윤이, 도윤이 이렇게 셋이 하나씩 가지고 놀 수 있겠다.
- 그런 생각도 했구나. 멋지겠다. 더 쌓아 올려보자.
- 잎사귀 모양이 변한 것 같아. 왜 그럴까?

- 가장 커다란 낙엽에는 어떤 무늬가 있을까?
- 이 돌을 만져 보니 느낌이 어떠니?
- 나무토막에 무늬가 있어. 돋보기로 자세히 관찰해 볼까?
- 나무를 이렇게 잘 그렸구나. 친구들이 보도록 전시해 보자.
- 경희는 기운이 없어 보이네. 어디 아프니? 휴식 영역에서 좀 쉴까?

3) 대집단 활동

- 선생님이 들려주는 음악은 어떤 노래를 연주한 것일까? (이야기 나누기 주제와 관련된 친숙한 동요를 연주 음악으로만 들려주고 이야기 나누기)
- 선생님이 가장 좋아하는 음악인데 들어 볼래?
- 이 음악을 들을 때 리본막대를 박자에 맞춰 흔들어 볼 수 있니? 리듬막대를 흔드는 것 말고 무엇을 해 볼 수 있을까?
- 이 화보에는 여러 가지 도구가 있구나. 이 드릴은 어떨 때 사용하는 걸까?
- 동그라미들을 큰 것부터 차례대로 쌓아 올려 보는 놀이를 할 건데 할 수 있겠지? 누구부터 시작할까? ㅇㅇㅇ를 발표한 리희부터 책상으로 가자. 그다음은 화장실에서 친구를 도와준 하영이가 가자.
- 어제는 점토로 마음대로 꾸미기 했었지? 점토를 이 틀로 찍으면 어떤 모양이 나올 것 같니? 점토놀이를 좋아하는 유빈이가 말해 볼까? 오리 모양을 보니 선생님은 오리 노래가 생각난다. 오리 오리 꽥꽥~♬
- 그림책 속 원숭이는 왜 화가 났을까? 원숭이가 화가 났을 때 팔을 어떻게 움직였지?
- 손을 번쩍 든 태진이가 나와서 만져 보고 친구들에게 말해 주자.
- 주호처럼 생각할 수도 있구나. 왜 그렇게 생각했어?
- 민선아, 어떻게 하면 좋을까?
- 종이들을 마음대로 골라서 만들 건데, 이렇게 접으면 어떤 모양이 될까?
- 이 종이에서 사각사각 소리가 나네. 예원이는 어떤 소리로 들려?

- 이 종이는 만질 때 어떤 느낌이 날지 만져 보고 싶은 친구가 있니?
- 우리가 오리고 남은 이 종이들은 어디에 버리면 좋을까?

4) 바깥 놀이

- ☆☆반 친구들이 다 있는지 세어 볼게.
- 놀이터 바닥이 안전한지 선생님이 살펴볼게.
- 우리, 나오기 전에 나뭇잎을 관찰하기로 했지? 돋보기가 필요한 사람 있니?
- 하나야, 그네 앞은 위험하니까 이쪽 길로 가자.
- 어제 모래를 친구에게 뿌린 사람이 있었지? 모래는 뿌리는 게 아니고 재미있게 가지고 노는 거지? 오늘 모래놀이부터 할 사람?
- 안전하게 길을 건너려면 어떻게 해야 할까? ('건너가는 길' 노래 불러 주기)
- 친구들이 저렇게 달리는 모습을 북소리로 표현해 보려면 얼마나 빠르게 쳐야 할까? 친구들이 좀 천천히 달리도록 천천히 북소리를 내어 볼까?
- 정말 잘하는구나. 한 바퀴 더 돌아볼까?
- 우리 동네에 있는 이 도로의 이름은 무엇일까? ('우리 동네' 노래 불러 주기)
- 우리가 사는 아파트 외에 어떤 건물이 있을까?
- 우리 동네에서 가장 높은 건물은 어디에 있을까?
- 그 건물에서 사람들은 어떤 일을 할까?
- 오늘 하늘은 정말 맑구나. 하늘은 무슨 색일까?
- 은행나무에서 무슨 냄새가 나지? 어제 영실이는 새가 똥 눈 냄새라고 했어.
- 바람 소리가 어제랑 다른 것 같아. 너희들 느낌은 어때?
- 친구들 모두 놀이터에서 사진 찍어 볼까?
- 서준이는 어떤 책을 읽고 싶어?
- 마트 전단지에서 과일 그림을 오려서 책 만들기를 할까?
- 손뼉을 치면서 노래를 불러 볼까? 이번에는 발을 구르면서 해 봐도 재미있겠다.
- 동원이는 무엇을 그렸어? 정말 멋진 기차구나. ('장난감 기차' 노래 불러 주기)

- 소고를 연주하는구나. (고개를 끄덕여 박자를 맞춰 주기)
- 우리가 생태공원에서 가져온 이파리들이 어떻게 변했나 볼까? ('가을은 무슨 색' 노래 불러 주기)
- 주아는 색종이로 비행기를 접었는데 날려 보고 싶구나. 바깥 놀이에 가지고 나갈까?
- 다인이는 나비 퍼즐을 좋아하는구나. 나비야 나비야 이리 날아오너라~♬
- 선화는 기운이 없어 보인다. 어디 아프니? 의자에 앉아서 좀 쉴까?
- 하윤이는 열이 나고 힘드니까 바깥 놀이 가지 말고 방○○ 선생님과 쉬는 것이 좋겠다. 그렇지?
- 날씨가 갑자기 추워졌는데 얇게 입고 온 친구가 많구나. 우리, 자동차 타고 놀까?
- 지윤아, 바깥 놀이하면서 거미를 봤지? 거미가 어떻게 움직였지? 거미가 줄을 타고 올라갑니다~♬
- 비가 와서(혹은 미세먼지가 많아서) 놀이터에 나가지 못하지? 그래서 ㅁㅁㅁ놀이를 할 거야.

5) 급간식

- 세은아, 밥을 이렇게 어금니에 올려놓고 꼭꼭 씹어 보자.
- 콩나물무침을 먹어 봤는데 깨가 씹혀서 정말 고소해.
- 숟가락으로 먹을까? 손으로 먹으면 묻을 것 같아.
- 정말 맛있다. 더 먹고 싶은 친구 있니? 더 줄까?
- 멸치를 잘 먹으면 뼈가 튼튼해지고 머리도 좋아진단다.
- 귤을 먹으면 감기에 잘 안 걸린다고 해.
- 준우야, 이 음식은 이름이 뭘까? 정말 단맛이 난다.
- 주연아, 오늘 점심의 맛있는 고기는 어떤 냄새가 나지?
- 신맛이 나는 건 어떤 거지?
- 오늘은 어떤 음식이 가장 맛있었어?
- 선생님이 포크와 숟가락을 1개씩 짝지어 놓아 볼게. 너희들도 해 볼 수 있겠니?

- 우리는 왜 골고루 먹어야 할까?
- 소연이는 먹고 난 자리를 벌써 정리했구나. 깨끗해.
- 형민아, 발을 다친 민혁이 간식 그릇을 좀 대신 정리해 줄 수 있을까? 지난번에 민혁이가 형민이 인형을 찾아줬을 때 선생님은 기분이 참 좋아서 칭찬해 주고 싶었어.

6) 낮잠

- △△반 친구들이 모두 좋은 꿈을 꿀 수 있게 자장가를 틀어 줄게.
- ♡♡반 친구들이 편하게 잘 수 있도록 선생님이 블라인드를 내려 줄게.
- 조명도 포근하게 해 줄게.
- 잠이 안 오는 친구는 친구들에게 방해되지 않게 조용히 쉬면 돼요.
- 강민아, 이 음악을 들으면서 누워 있으면 편안해질 거야.
- 기침이 나오면 소매로 가리고 하는 거 알지?
- 잠이 안 오는구나. 선생님이 토닥토닥해 줄까?
- 친구들은 아직 꿈나라인데 벌써 깼구나. 다시 눈 감으면 선생님이 자장가 불러 줄게.
- 깼구나. 다른 친구들에게 방해되지 않게 조용히 쉬자.

7) 일상생활

- 예지는 혼자서도 손을 잘 씻는구나. 손을 손을 씻어요~♬
- 손에 있는 세균이 없어지게 깨끗이 닦아 보자.
- 쓰레기통을 만졌으니까 손을 씻어야겠다.
- 상처가 났구나. 선생님이 손 씻고 약 발라 줄게.
- 소매를 걷고 물을 틀어 볼까?
- 세수했구나. 거울 볼까? 더 예뻐졌네.
- 시은아, 선생님처럼 이렇게 비누를 바르고 손바닥과 손등, 손가락 사이를 문질러 볼까?

- 예은이는 칫솔과 양치컵을 정리했구나. 이가 반짝반짝하네!
- (영유아반에는) 선생님이 잇몸까지 닦아 줄게. ('치카치카' 노래 불러 주기)
- 칫솔로 윗니 먼저 닦아 보자. 잘했어.
- 양치는 혼자 할 수 있지?
- 옷이 젖었구나. 갈아입는 게 좋겠다.
- 재솔이가 지우의 손을 잡아 도와줬구나.
- 채은이가 바닥의 휴지를 주워서 쓰레기통에 넣어 주니 우리 교실이 깨끗해졌구나.
- 유림이랑 요한이는 같은 치약을 쓰는구나. 치약 이름을 알고 있니? 읽어 볼까?
- 컵에 물을 따라 보자.
- 선생님이 첫 번째 단추를 끼워 볼 테니까 새온이가 두 번째부터 끼워 볼까?
- 다리를 높이 들어 주니까 기저귀를 갈기가 편하구나. 고마워.
- 거울 속에 라임이의 얼굴이 보이네. 뺨에 모기 물려서 가려웠지?
- 이제 다 갈았어. 보송보송하니까 기분 좋지?
- 불이 났을 때 왜 손으로 입을 가리고 나가야 할까?

8) 귀가

- 설우는 엄마랑 웃는 모습이 똑같구나. 엄마를 다시 만나 좋아하는 웃음이야.
- 아빠가 시영이를 안고 웃고 계시는 걸 보니 참 행복한 가족 같다. ('가족' 노래 불러 주기)
- 영찬아, 길 건너서 집에 갈 때 양쪽 살펴보고 가는 거 알지?
- 지연이랑 지유는 엄마랑 마트에 갈 거야? 엄마, 오늘은 뭐 사실 건가요?
- 예서야, 수지 동생이 태어난 거 알지? 오늘은 엄마 품에 안겨서 언니를 보러 어린이집에 왔구나. 수지 엄마께 아기 이름이 뭔지 물어볼까? ('내 동생' 노래 불러 주기)
- 지환이는 혼자서 신발을 잘 신는구나.
- 책을 읽다가 손을 베었구나. 원장선생님 방에 가서 약을 바르자.
- 혜림이 이마가 좀 뜨겁구나. 열이 나기 시작하는 것 같아. 엄마에게 전화를 드릴게.

3 유아의 표현 사례

어린이집 영유아는 대부분 종일반을 이용하기 때문에 깨어 있는 시간에 부모보다 교사와 상호작용이 많다. 교사로부터 주어지는 상호작용의 질에 따라 영유아의 표현 능력이 천차만별이다. 다음의 사례는 우수한 상호작용을 제공했던 교사와 1년을 지낸 후 졸업하는 유아들의 표현이다. 이별과 관련된 노랫말을 차용하고 묘사한 그림에서 유아들의 다양한 표현력을 볼 수 있다.

3
6월
10월
3월
4
세 곡나
비어린데
아쉬움
아쉬울 남 기 채...
5
이 제는 우리 가 서로 떠나 야 할 시 간
6
7
다 시 마
나 게 해
줄 거 야
8
기다림
아쉬움
9
어느 차 가 웠던 겨 울 날
10

11
안녕은 영원한 헤어짐은 아니겠
12
다시 만나기 위한 약속일거야
13
함께했던 시간은 이젠 추억으로 남기고
14
서로가야할길찾아서 떠나야해요
15
이제는 우리가 서로 떠나가야할시간
16
다시 만날수 있겠지?
아쉬움을 남긴 채 돌아서지만…
17
시간은 우리를 다시 만나게 해주겠
18
우리 그 때까지 아쉽지만 기다려 봐요

19
20
다만나기위한약속 일거야
21
함께 했던 시간은 이젠
추억으로 남기고
22
23
안녕 친구야 오랜만 이야
다시만나
안녕은영원한헤어짐은아니겠지요
24
다시만나기위한약속일거야
25
휴이이잉...
남기고
함께했던시간은이젠추억으로
26
서로가야할길
떠나야해요

Chapter 9
학급 운영

1 공간 구성

1) 필요한 사항

어린이집의 공간은 2020년도부터 적용되는 개정누리과정에 따라 많은 지표와 지침이 축소되었고 교실 내 흥미영역의 중요성도 점차 작아지고 있지만, 기본적인 공간 구성의 요령은 다음과 같다.

- **영아반 준비물**

  가족사진과 영상, 가족이 녹음한 동화나 노래, 가족과 주말에 찍은 사진, 가족이 영아를 그린 그림이나 함께 그린 그림, 같은 반 친구들과 함께 찍은 사진, 기저귀 갈이대와 거울, 음률활동용 거울 및 악기와 사물, 1세는 있다와 없다를 구분하는 구체물, 1개와 여러 개 수량을 구분하기 위한 구체물, 2세는 3개가량을 세어 볼 수 있는 구체물(3개 정도씩 구비된 놀잇감으로 활동 가능)

  * 삼킬 위험이 있는 지름 3.5cm 이내의 물건은 제거하고 역할 및 쌓기놀이 영역에 제시된 매니큐어나 립스틱에 내용물이 없어야 한다.

- **유아반 준비물**

  흥미 영역별 기본 교구, 수업 주제 관련 교구 및 게시물, 관찰용 동식물, 가족사진이나 주제 관련 화보, 동화 들려주기용 다양한 인형(막대인형, 손인형, 손가락인형 등), 주변 상가 홍보 전단지, 식단표, 우리 동네 카펫 혹은 도로 카펫, 음률활동용 거울 및 악기와 사물, 자연물(잎사귀, 돌, 열매 등)과 폐품(휴지 속심, 작은 상자, 포켓 패드 비닐 등)이 포함된 다양한 미술 재료와 도구(안전가위, 찍기들 등), 감각 자료, 돋보기

- **휴식 영역과 사물함**

  보육실에는 각 학급 모두 휴식할 수 있는 공간과 함께 영유아의 옷이나 개인 소지품을 정리하거나 영유아가 만든 작품을 보관할 수 있는 공간이 영유아의 수에 맞게 마련되어야 하며 개별 물건에 모두 이름이나 표식이 있어야 한다.

- 흥미 영역

다음과 같은 연령별 흥미 영역 구성이 필요하다. 청결은 환경 구성의 기본이다. 영유아들의 개별 물건에는 이름이 있는지 확인한다. 쌍둥이에게도 개별 물건과 공간을 제공한다. 영유아들의 사물함 내부도 청결하게 잘 정리해 준다.
흥미 영역의 활동 자료는 영아의 경우 영역별로 각 3종 이상, 유아의 경우 영역별로 각 4종 이상 구비한다. 계획안의 주제와 관련된 활동 자료는 0~1세의 경우 2개 이상, 2세의 경우 4개 이상, 3~5세의 경우 5개 이상 다양하게 준비해야 한다. 언어 영역의 경우 듣기, 말하기, 읽기, 쓰기와 관련된 자료를 각 1종 이상 포함하여 총 5종 이상이 있어야 한다.

- 0세: 신체 영역, 언어 영역, 감각 및 탐색 영역
- 1세: 신체 영역, 언어 영역, 감각 및 탐색 영역, 역할 및 쌓기 놀이 영역
- 2세: 신체 영역, 언어 영역, 감각 및 탐색 영역, 역할 및 쌓기 놀이 영역, 미술 영역
- 3~5세: 언어 영역, 미술 영역, 음률 영역, 수·조작 영역, 과학 영역, 역할놀이 영역, 쌓기놀이 영역

흥미 영역의 최소 공간은 0~1세가 1~2명 이상, 만 2세가 2~3명 이상, 만 3~5세가 3~4명 이상이 놀이할 수 있는 크기로 구성하며, 영유아들의 이동 통로를 충분히 확보한다. 각 영역에서 놀이하는 영유아 수의 1.5배 내외의 놀잇감을 준비하고, 영아가 좋아하는 품목은 갈등을 줄이기 위해 동일한 것을 여러 개 마련해 둔다.
흥미 영역의 활동은 모든 영유아가 고르게 참여하도록 유도하고 표준보육과정의 목표 영역에 따라 상호작용이 이루어지도록 한다.

바깥 놀이 활동은 0세의 경우 주 3회 이상을 30분 이상, 1세는 매일 30분 이상, 2세와 유아는 매일 1시간 이상 운영하며 바깥 놀이 공간에서도 다양한 활동을 준비하여 놀이하게 하고 날씨와 계절의 요인으로 바깥 놀이가 불가한 상황에서는 실제 대체한 활동을 기록으로 남긴다.

- 일상생활을 위한 공간

- 쾌적한 낮잠을 위해 블라인드를 조정해 주고 자연채광 조절이 가능한지, 끈 처리가 안전한지 확인한다.
- 적절한 온도와 습도가 유지되는지 확인한다. 평가인증지표에서는 난방 온도 18~20℃, 냉방 온도 26~28℃, 습도 30~80%로 제시하고 있다.
- 편안한 낮잠을 위해 들려줄 음악과 잠들지 않는 아이를 위한 조용한 놀잇감이 준비되어 있는지 살핀다.

- 배변 실수에 대비한 여벌 침구를 청결하게 보관한다.
- 전선이나 블라인드 줄이 늘어지지 않았는지 살피고 안전하게 조치한다.
- 보육실 내 모든 물품에서 파손, 균열, 오염, 돌출, 녹, 날카로움이 발견되지 않아야 한다.
- 모든 놀잇감과 보관장, 바구니, 침구 등을 청결하게 관리하고 보육일지 등에 기록한다.
- 교실 내 게시물은 투명 시트지를 먼저 붙인 후 그 위에 게시하여 벽지 손상을 방지한다.
- 각 보육실 입구의 게시판에는 주간보육계획안, 전체 원아의 사진과 명단, 가정통신문 등이 있어야 한다.
- 지난 게시물은 제거한다.
- 영유아의 개인 소지품, 작품을 보관하는 사물함, 개별 공간은 영유아가 사용 가능한 위치에 설치해 주고 스스로 보관하고 꺼내는 활동이 이루어지게 한다.

교실은 영유아가 하루 종일 생활하는 공간인 만큼 일상생활에서의 요구를 충족할 휴식 공간과 함께 연령별 흥미 영역에 필요한 사항을 점검해야 한다. 수업 주제와 관련된 자료를 연령에 맞게 흥미 영역에 제시해야 하므로, 각 영역에 기본적으로 비치될 목록과 주제 관련 목록을 만들어 본다. 평가인증 안내에 구체적으로 제시된 연령별 교구 목록에 따라 교실과 공유 공간을 분석하여 보완할 목록을 만들고, 구입이나 제작 여부를 협의한다. 연령별 교실에 필요한 교구는 다음과 같다.

2) 보완점 찾기

연령별 필요 교구를 학습하고 보완점을 협의한 사례이다.

각 연령별 필수 교구와 보완 사항 의견

▷ 만 1세

영역	지표의 교구	보완 의견
신체 영역	• 신체활동 자료는 영유아 수에 따라 다양하고 충분하게 구비 • 교실, 옥외 놀이터, 유희실 등에 비치 가능한 놀잇감 • 일상생활을 통해 다양한 대근육 활동/색, 모양, 크기가 같은 것으로 2개 이상	〈필요 교구〉 • 스펀지 블록, 공, 밀고 당기는 놀잇감, 자동차, 끌차 등
		〈기본 교구 – 빨간색 표기는 구입 예정〉 • 스펀지 공, 자동차, 끌차 볼링, 밀고 당기는 놀잇감(강아지 2마리)
언어 영역	• 듣기, 말하기, 읽기, 쓰기의 언어활동을 위한 자료 • 듣기, 말하기, 읽기, 쓰기와 관련된 자료 각 1종 이상을 포함하여 총 5종 이상 구비	〈필요 교구〉 [듣기, 말하기 활동 자료] – 그림 자료, 사진 자료, 전화기, 짧은 이야기와 노래 테이프 등 [읽기 활동 자료] – 헝겊책, 촉감책, 비닐책, 소리 나는 책, 그림이나 사진 자료(친숙한 인물, 동물) [쓰기 자료] – 안전한 무독성 크레파스, 전지, 쓰기판 등
		〈기본 교구 – 빨간색 표기는 구입 예정〉 [듣기, 말하기 활동 자료] – 그림 자료, 사진 자료, 전화기, 카세트 [읽기 활동 자료] – 다양한 그림책 [쓰기 자료] – 보드, 보드마카, 색연필, 종이

<table>
<tr><th>영역</th><th>지표의 교구</th><th>보완 의견</th></tr>
<tr><td rowspan="2">감각
및
탐색
영역
(미술,
음률)</td><td rowspan="2">• 미술 및 음률 활동 자료 포함
• 감각 및 탐색, 소근육 조작 경험을 위한 감각 및 탐색 활동 자료 3종 이상을 다양하고 충분하게 구비
• 생활주제, 영아의 흥미에 기초하여 직접 관찰하고 느낄 수 있는 자료
• 크기는 지름 3.5cm 이상이며, 깨지거나 부서지는 놀잇감은 안 됨
• 영아가 좋아하는 놀잇감은 색, 모양, 크기가 똑같은 것으로 2개 이상</td><td>〈필요 교구〉
[미술활동 자료]
– 벽이나 바닥, 책상 위에 넓게 붙인 큰 도화지, 크레파스, 밀가루 점토, 스티커, 여러 가지 모양 도장
[음악 및 동작 활동 자료]
– 딸랑이, 안전한 방울, 마라카스, 녹음기, 음악 테이프, 소리가 나는 놀잇감, 주변에서 볼 수 있는 소리 나는 물건(탬버린, 리본막대, 천)
[감각 및 탐색 활동 자료]
– 감각활동 자료: 여러 가지 재질과 질감의 촉감판, 다양한 소리가 나는 플라스틱 통 등
– 탐색 및 조작 활동 자료: 고리 끼우기, 컵 쌓기, 퍼즐 등</td></tr>
<tr><td>〈기본 교구 – 빨간색 표기는 구입 예정〉
[미술활동 자료]
– 도화지, 전지, 크레파스, 밀가루 점토, 스티커, 여러 가지 모양 도장
[음악 및 동작 활동 자료]
– 방울, 카세트[11], 색깔 천, 기타, 마라카스, 마이크
[감각 및 탐색 활동 자료]
– 촉감판, 퍼즐, 고리 끼우기, 컵 쌓기</td></tr>
<tr><td rowspan="2">역할
및
쌓기
영역</td><td rowspan="2">• 역할 및 쌓기 놀이 자료를 3종 이상 구비</td><td>〈필요 교구〉
[역할]
– 가족 인형, 소리 나는 인형, 전화기, 자동차
[쌓기]
– 우레탄 블록이나 스펀지 블록, 종이벽돌 블록, 헝겊을 감싼 블록, 끼우기 블록 등</td></tr>
<tr><td>〈기본 교구 – 빨간색 표기는 구입 예정〉
[역할]
– 아기 인형, 생일케이크, 과일, 시장바구니, 그릇 세트, 고무신
[쌓기]
– 자석 블록, 끼우기 블록, 자동차, 레고 블록</td></tr>
<tr><td>비고</td><td colspan="2">• 각 반 흥미 영역에 주제와 관련된 자료를 2개 이상 비치해야 함(연령별 다름)
예) • 교통기관이 생활주제인 경우 운전대, 교통기관 퍼즐, 교통기관 관련된 정보 그림책 등
• 기저귀 영역은 거울, 캐노피[12]</td></tr>
</table>

11) 국가 수준 지침의 여러 자료에 카세트가 있지만 현장에서는 소프트웨어를 찾기 어렵다.
12) canopy. 차양, 닫집

▷ 만 2세

영역	지표의 교구	현재 상황과 보완 의견
신체 영역	• 신체활동 자료는 영유아 수에 따라 다양하고 충분하게 구비 • 교실, 옥외 놀이터, 유희실 등에 비치 가능 • 일상생활을 통해 다양한 대근육 활동/색, 모양, 크기가 같은 것으로 2개 이상	〈필요 교구 – 예시〉 – 미끄럼틀 · 점핑바운서 · 조합 놀이대 · 볼풀 놀이대 등 고정식 놀이기구, 목마 · 자동차 · 끌차 등 이동식 놀이기구, 공 · 후프 등 운동기구, 종이벽돌 블록, 스펀지 블록 등
		〈기본 교구 – 빨간색 표기는 구입 예정〉 – 공, 자동차, 종이벽돌 블록, 스펀지 블록, 볼링
언어 영역	• 듣기, 말하기, 읽기, 쓰기의 언어활동을 위한 자료 • 듣기, 말하기, 읽기, 쓰기와 관련된 자료를 각각 1종 이상 포함하여 총 5종 이상 구비	〈필요 교구〉 [듣기, 말하기 활동 자료] – 손인형, 사진 자료, 친숙한 일상 생활용품의 사진과 이름이 있는 그림카드, 전화기, 녹음된 목소리를 들어 볼 수 있는 카세트, 짧은 이야기와 노래 테이프 [읽기 활동 자료] – 글자 수가 많지 않은 다양한 주제의 그림책을 포함하여 재질과 형태가 다양한 책(촉감책, 퍼즐책, 소리 나는 책 등), 그림이나 사진 자료(그림책의 주인공, 영유아에게 친숙한 인물, 지역사회, 자연물) 등 [쓰기 자료] – 굵은 크레용, 굵은 색연필이나 4B연필, 자석 쓰기판, 종이
		〈기본 교구〉 [듣기, 말하기 활동 자료] – 손인형, 사진 자료, 그림카드, 소리 나는 책, 카세트 [읽기 활동 자료] – 다양한 그림책, 소리 나는 책, 촉감책, 퍼즐책 [쓰기 자료] – 보드, 보드마카, 종이, 색연필
감각 및 탐색 영역	• 감각 및 탐색, 소근육 조작 경험을 위한 감각 및 탐색 활동 자료 3종 이상을 다양하고 충분하게 구비 • 생활주제, 영아의 흥미에 기초하여 직접 관찰하고 느낄 수 있는 자료 • 크기는 지름 3.5cm 이상이며, 깨지거나 부서진 놀잇감은 안 됨 • 영아가 좋아하는 놀잇감은 색, 모양, 크기가 똑같은 것으로 2개 이상	〈필요 교구〉 [감각 및 탐색 활동 자료] – 오감을 이용한 여러 가지 감각 놀잇감, 소리상자, 촉감판, 돋보기, 식물, 동물, 주변에서 찾아낸 여러 모양의 나무껍질, 조개껍데기 같은 여러 가지 자연물, 조작활동 자료(큰 조각 퍼즐, 모양 찾아 맞추기, 크기순으로 고리 끼우기, 색깔 맞추기 등)
		〈기본 교구 – 빨간색 표기는 구입 예정〉 – 촉감놀잇감, 식물, 원목 끼우기, 모양 고리 끼우기, 돋보기, 퍼즐, 가을 열매 모형

영역	지표의 교구	현재 상황과 보완 의견
미술 영역	• 미술활동 자료 3종 이상	〈필요 교구〉 [미술활동 자료] – 다양한 재질과 색깔의 종이류, 색연필, 크레용, 크레파스 등 그리기 도구, 우유팩, 잡지, 안전가위, 풀, 밀가루 점토, 스티커, 모양 도장 등
		〈기본 교구〉 [미술활동 자료] – 다양한 색깔의 종이류, 색연필, 보드마카, 크레파스, 잡지, 안전가위, 풀, 클레이 점토, 스티커, 모양 도장
음률 영역	• 음악 및 동작 활동 자료 3종 이상	〈필요 교구〉 [음악 및 동작 활동 자료] – 북이나 흔들고 두드릴 수 있는 단순한 리듬악기(리듬 막대, 마라카스, 탬버린 등), 녹음기, 음악 테이프, 동작표현을 돕는 소품(여러 가지 색 보자기, 스카프, 리본 막대, 부드러운 수건 등)
		〈기본 교구 – 빨간색 표기는 구입 예정〉 [음악 및 동작 활동 자료] – 북, 마라카스, 탬버린, 색 스카프, 리본막대, 마이크, 모양 셰이커, 카세트, 음악 테이프, 안전거울
역할 및 쌓기 영역	• 역할놀이 자료 3종 이상, 쌓기 놀이 자료 3종 이상	〈필요 교구〉 [역할] – 여러 가지 모양의 그릇 등 소꿉놀잇감, 전화기, 인형 등 [쌓기] – 나무 블록, 종이벽돌 블록, 우레탄 블록, 스펀지 블록, 재질이 부드럽고 구멍이 큰 끼우기 형의 블록 등
		〈기본 교구 – 빨간색 표기는 구입 예정〉 [역할] – 여러 가지 그릇, 음식 모형, 앞치마, 전화기, 아기 인형, 시장바구니, 병원놀이, 전화기 [쌓기] – 끼우기 블록, 종이벽돌 블록, 스펀지 블록, 레고 블록, 자석 블록
비고	• 각 반 흥미 영역에 주제와 관련된 자료를 2개 이상 비치해야 함(연령별 다름) 예) • 교통기관이 생활주제인 경우 운전대, 교통기관 퍼즐, 교통기관 관련된 정보 그림책 등 • 가을 열매 모형, 가을 관련 동화책	

▷ 만 3세

영역	지표의 교구	현재 상황과 보완 의견
쌓기 영역	• 현재 기본활동 자료: 5개 • 통합지표 충족 요건: 4종 이상	〈필요 교구〉 – 11월 1주: 목욕용품 〈기본 교구〉 – 벽돌 블록, 레고 블록, 나무 블록, 자석 블록, 우레탄 블록
역할 영역	• 현재 기본활동 자료: 10개 • 통합지표 충족 요건: 4종 이상	〈필요 교구〉 – 포대기 〈기본 교구〉 – 화장대, 싱크대, 주방도구·접시, 시장 가방, 앞치마, 음식 모형, 역할 의상, 병원놀이, 신발, 아기 인형
미술 영역	• 현재 기본활동 자료: 10개 이상 • 통합지표 충족 요건: 4종 이상	〈필요 교구〉 – 11월 2주: 찰흙 – 11월 3주: 바람개비 – 11월 4주: 스크래치페이퍼 – 11월 5주: 휴지심 〈기본 교구〉 – 테이프, 물감, 쓰기 도구, 바퀴 롤러, 모양 찍기, 색종이, 도장 스펀지, 색 접시·종이컵, 찍기 틀, 점토, 재활용품(폐품류), 여러 가지 종이
언어 영역	• 현재 기본활동 자료: 10개 이상 • 통합지표 충족 요건: 4종 이상	〈필요 교구〉 – 11월 2주: 모래 종이(사포) 〈기본 교구〉 [듣기] – CD플레이어, 이야기 CD [읽기] – 다양한 그림책, 환경인쇄물 [쓰기] – 보드, 보드마카, 색연필, 종이(이면지), 단어 카드 [말하기] – 마이크 [기타] – 자석 한글, 가족 인형, 나무 배경과 날씨, 동물 손인형, 동물 가면, 손가락인형

영역	지표의 교구	현재 상황과 보완 의견
수·조작 영역	• 현재 기본활동 자료: 7개 • 통합지표 충족 요건: 4종 이상	〈필요 교구〉 – 11월 1주: 숫자 물고기 낚시 놀이 – 11월 2주: 다양한 크기의 돌, 돌멩이 공기 – 주제별 퍼즐 – 솔방울(자연물) 〈기본 교구〉 – 고리 끼우기, 모양 막대, 곤충 분류 집게 놀이, 나사 끼우기, 퍼즐, 자석 숫자, 온도계
과학 영역	• 현재 기본활동 자료: 7개 • 통합지표 충족 요건: 4종 이상	〈필요 교구〉 – 어항, 바퀴와 부속품 – 11월 1주: 여러 가지 모양의 그릇 – 11월 2주: 다양한 돌 – 11월 3주: 공기정화 식물 〈기본 교구〉 – 지구본, 돋보기, 양팔저울, 과학뷰어 상자, 자석 자동차, 반사경, 화분
음률 영역	• 현재 기본활동 자료: 7개 • 통합지표 충족 요건: 4종 이상 • 동작활동을 위한 교구 필요함	〈필요 교구〉 – 리본막대, 음악 CD 〈기본 교구〉 – 핸드벨, 곡물 마라카스, 실로폰, 캐스터네츠, 소고, 트라이앵글, CD플레이어
비고	• 각 반 흥미 영역에 주제와 관련된 자료를 5개 이상 비치해야 함	

* 만 3세 교실은 관찰자 방문 시점인 수업주제를 중심으로 보완점을 정리하였다.

▷ 만 4세

- 흥미 영역 활동 자료는 유아의 연령별 발달 수준과 흥미 등을 고려하여 적합하게 구비하고 있음
- 계획안의 주제와 관련된 활동 자료는 교실 내 전체 흥미 영역 중에 5개 이상 다양하게 준비되어야 함(교실에서 다루고 있는 주제와 밀접하게 관련된 활동 자료)

<table>
<tr><th>영역</th><th>지표의 교구</th><th>현재 상황과 보완 의견</th></tr>
<tr><td rowspan="2">수·조작 영역</td><td rowspan="2">• 수·조작 자료 4종 이상 구비
• 감각기관을 활용하여 자발적으로 탐색할 수 있는 자연물이나 실물 자료 구비</td><td>• 일대일 대응, 분류, 비교, 순서 짓기, 1~10까지 셀 수 있는 구체물(솔방울, 작은 동물 모형), 퍼즐, 게임 자료</td></tr>
<tr><td>• 수 세기 케이크, 양팔저울, 수 막대, 퍼즐, 게임 자료 등</td></tr>
<tr><td rowspan="2">과학 영역</td><td rowspan="2">• 과학활동 자료 4종 이상 구비
• 주변의 사물과 자연 현상에 지속적인 호기심을 가지고 탐구 기술을 활용하여 탐구적 태도를 기르는 시기이므로, 수·공간과 도형, 규칙성을 이해하고 다양한 도구와 기계를 활용할 수 있도록 함
• 과학 영역의 활동 자료는 계절, 생활주제, 유아의 흥미를 고려하여 다양한 자연물이나 실물을 제시함</td><td>• 기본 – 거울, 자석, 돋보기, 프리즘
• 생물 관련 자료 – 꽃, 채소, 열매, 씨앗, 나뭇가지, 솔방울
• 자연 현상 관련 자료 – 온도계, 사진, 습도계, 관찰용지
• 도구와 기계 – 간단한 도구와 기계, 주변의 여러 가지 물건</td></tr>
<tr><td>• 거울, 자석, 돋보기, 프리즘, 온도계, 사진, 습도계, 모래시계, 솔방울, 열매</td></tr>
<tr><td rowspan="2">역할 영역</td><td rowspan="2">• 역할놀이 자료 4종 이상 구비</td><td>• 기본 가구류 – 화장대, 식탁과 의자, 소품을 넣을 수 있는 장, 모형 싱크대
• 소꿉놀이류 – 질감이 다양한 인형류(아기 인형과 가족 인형, 동물 인형), 그릇, 냄비, 모형 음식 등
• 각종 역할놀이 소품 – 옷 입기 놀이를 위한 의상류(앞치마, 드레스, 직업 의상, 남녀 한복), 다양한 신발, 장신구 및 소품(액세서리, 빗, 선글라스, 모자, 구두 등)</td></tr>
<tr><td>• 기본 가구류, 다양한 질감의 인형과 소꿉놀이류
• 다양한 장신구, 신발</td></tr>
<tr><td rowspan="2">쌓기 영역</td><td rowspan="2">• 쌓기 영역 자료 4종 이상 구비</td><td>• 종이벽돌 블록, 유닛 블록, 우레탄 블록, 빈 공간 블록, 꽃 블록, 눈송이 블록
• 인형류 – 모형 동물, 사람 인형, 공룡 등
• 기타 주제와 관련된 소품 – 동물 가면, 교통표지판, 운전대 등</td></tr>
<tr><td>• 종이벽돌 블록, 유닛 블록, 몰펀(morphun) 블록, 소프트 스틱, 교통표지판, 사람 인형
• 모형 동물</td></tr>
</table>

영역	지표의 교구	현재 상황과 보완 의견
언어 영역	• 언어 영역 자료 5종 이상 구비	[듣기, 말하기 자료] – 녹음된 테이프, 헤드폰, 막대인형, 손가락인형, 손인형 등 [읽기 자료] – 다양한 주제의 각종 그림책, 주제에 따른 화보 모음책, 동요, 동시집, 어린이용 잡지나 카탈로그 등 [쓰기 자료] – 다양한 종이, 색연필이나 연필, 사인펜 등 다양한 필기도구, 화이트보드, 마커펜, 글자 상자, 단어 카드, 독서카드, 글자 도장 등
		– 녹음 CD와 CD플레이어, 손가락인형, 손인형, 화이트보드, 마커펜, 컴퓨터 타자 그림 – 단어 카드, 동시집, 다양한 종이
음률 영역	• 음률 영역 자료 4종 이상 구비	– 리듬악기, 가락악기(실로폰, 멜로디언, 피아노, 키보드, 기타), 전통 악기, 음악가 및 악기 사진이나 노래 부르는 사진 등, 헤드폰, 다양한 카세트, CD플레이어, 한삼, 부드러운 수건, 거울 등
		– 실로폰, 레인메이커, 오션드럼, 소고, CD플레이어, 에그 마라카스 등
미술 영역	• 미술 영역 자료 4종 이상 구비	– 필기도구(크레파스, 색연필, 연필), 물감류, 다양한 종이류, 만들기 도구류, 점토류, 폐품류 등
		– 필기도구, 점토류, 폐품류

▷ 만 5세

- 기본 활동 자료는 영역별로 각각 4종 이상 구비
- 교실 내에 계획안의 주제와 밀접하게 관련된 활동 자료를 총 5개 이상 준비

영역	지표의 교구	필요한 교구
언어 영역	• 말하기, 읽기, 쓰기, 듣기에 각각 1종 이상을 포함하여 총 5종 이상 구비 • 친숙한 글자나 주변의 인쇄물에 관심이 커지고, 쉬운 단어나 짧은 문장을 읽고 쓰기가 가능하므로, 다양한 언어활동 기회를 제공하는 자료를 제공	막대인형, 자석인형, OHP 그림, 글 없는 그림책, 환경과 생활에 관련된 동화책
미술 영역	• 미술활동 자료 4종 이상 • 자연이나 생활을 예술작품에서 아름다움을 발견하고 음악, 움직임, 극놀이, 미술활동에 적극적으로 참여하는 것을 즐기게 되므로 다양한 방법으로 자기 생각과 느낌을 표현할 수 있도록 자료 제공	한지, 화선지, 골판지, 기름종이 등
음률 영역	• 음악 및 동작 활동 자료 4종 이상 구비	실로폰, 한삼, 리본막대
수·조작 영역	• 4종 • 일대일 대응, 분류, 비교, 순서 짓기, 부분과 전체, 측정, 공간과 도형, 규칙성 등의 개념 발달에 도움이 되는 생활주제와 연관된 자료	양팔저울
과학 영역	• 4종 • 자연물, 실물 자료 • 계절, 생활주제, 유아의 흥미를 고려하여 다양한 자연물이나 실물을 제시	동물 키우기
역할 영역	• 4종 • 역할놀이를 통해 다양한 주제를 놀이로 표현	방석 4개
쌓기 영역	• 4종 • 다양한 구성활동을 할 수 있도록 자료를 제공	도로 매트

3) 교실 외의 공간

교실 외의 공간도 관리를 담당한 교사가 보완점을 찾아 지표에 맞게 정리한다. 저자의

어린이집에서 여러 공간을 정리한 사례이다.

지표	평가항목 관련 사진	개선 방안
2-1-5 비품과 활동 자료를 보관하는 별도의 공간이 있고, 연령별, 주제별 또는 영역별로 정리되어 있다. • 각 교실에서 현재 사용하지 않는 비품과 활동 자료는 영유아가 활동하는 공간이 아닌 곳(예: 교사실이나 원장실, 상담실 등)에 따로 장소를 마련하여 보관해야 한다.	〈보일러실〉 이○○, 곽○○ 	• 안전을 위해 모든 물건을 꺼내고 적합한 장소로 옮길 것 • A4용지는 성인 화장실 옆 창고에 정리 • 의자를 사무실 내에 정리 • 보일러실에 있는 기증할 도서는 사무실 장 위 칸에 보관
	〈주황 화장실〉 유○○ 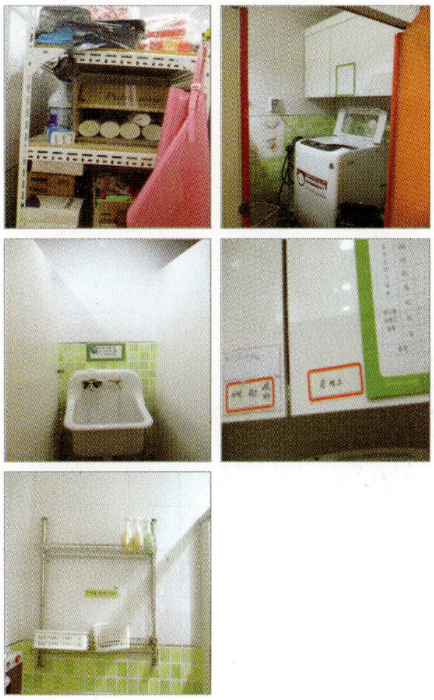	• 세제류 선반을 정리한 후 네임태그 붙이기 • 세탁실에 이름표 붙이기, 경고 문구 등 안내하기

<table>
<tr><th>지표</th><th>평가항목 관련 사진</th><th>개선 방안</th></tr>
<tr><td rowspan="2">2-1-5
비품과 활동 자료를 보관하는 별도의 공간이 있고, 연령별, 주제별 또는 영역별로 정리되어 있다.
• 각 교실에서 현재 사용하지 않는 비품과 활동 자료는 영유아가 활동하는 공간이 아닌 곳(예: 교사실이나 원장실, 상담실 등)에 따로 장소를 마련하여 보관해야 한다.</td><td>〈파랑화장실 및 창고〉
탁○○, 낭
</td><td>• 콘센트: 세탁실처럼 보호캡 설치(살균기)
• 파랑화장실, 자료실 정리
• 비품과 활동 자료는 손쉽게 찾아 꺼내어 사용할 수 있는 위치에 정리하고 명칭, 내용, 관련 영역을 표시하여 부착할 것(서류 작업 필요함)
• 칫솔 살균기 위에 있는 물건 치우기</td></tr>
<tr><td>〈교사실〉
담임교사 전체
</td><td>• 교사 휴게 공간: 아늑하게 쉴 수 있는 분위기로 정리
• 구입: 방석, 거울, 핸드크림 등
• CCTV: 교사가 쉬거나 옷을 갈아입을 수도 있는 공간이므로 「어린이집 영상처리기기 보호법」에 따라 영유아가 이용하는 공간 외에는 설치 불필요함</td></tr>
</table>

<table>
<tr><th>지표</th><th>평가항목 관련 사진</th><th>개선 방안</th></tr>
<tr><td rowspan="2">2-1-2
영유아의 요구를 충족하는 다양한 공간을 마련하고 있다.
1. 영유아의 요구를 충족하는 별도의 공간(유희실, 도서 공간, 양호 공간, 식당 등)이 어린이집 내에 두 군데 이상 마련되어 있다.</td><td>〈나비플라자〉
이○○, 안○○, 곽○○(그리고 담임교사 전체)
</td><td>• 구입: 영유아가 자유롭게 이용할 수 있는 교구장
• 물 마시는 곳: 사용 전후 그림을 부착하여 영유아가 알기 쉽게 표기할 것(영유아를 입장을 위한 관찰자의 시선)
• 놀잇감을 교구장에 정리하여 영역별로 구성할 것
• 영유아가 이용하는 공간이므로 프린터 외에 장 위에 올려진 것 치우기(※ 약품 냉장고는 양호 공간으로 이동)</td></tr>
<tr><td>〈유희실〉
담임교사 전체

</td><td>• 유희실을 나타내는 푯말 만들기(관찰자의 시선에서 유희실이라는 공간이 한눈에 띌 수 있도록)
• 대근육 활동을 위한 놀잇감은 꺼내서 비치할 것
• 영유아·유아용 교구 정리
• 퍼즐 장 정리</td></tr>
<tr><td>2-1-4
• 계획안의 주제와 관련된 활동 자료를 영유아의 수준에 맞게 영역별로 다양하게 구비하고 있다.
• [과학활동 자료]
– 생물 관련 자료</td><td>〈현관〉
</td><td>• 교실 내에서 생물을 키울 수 없는 조건일 때는 보육활동 공간 외에 관찰하는 공간이 마련되어 있으므로, 영유아의 호기심이 충족되고 자유롭게 관찰할 수 있게 생물 이름과 특성이 적힌 표를 붙여 배려할 것</td></tr>
<tr><td colspan="3">• 정리하면서 필요 없는 물건 모두 폐기하고 폐기대장에 기록 남기기!</td></tr>
</table>

교실과 별도로 유희실, 도서 공간, 양호 공간, 식당 등 영유아의 요구를 충족하는 별도의 공간이 두 군데 이상 마련되어야 한다. 모든 공간의 시설과 설비는 영유아의 신체 크기와 발달수준에 적합해야 한다.

영유아의 옷이나 개인 소지품, 영유아가 만든 작품 등을 보관하는 개별 공간은 영유아의 수와 동일한 개수로 마련하고, 영유아가 스스로 꺼내어 사용할 수 있게 잠금장치를 설치하지 않는다. 사물함에는 영유아가 자신의 것임을 인식할 수 있도록 이름이나 사진을 부착한다.

교실 내에 비치된 개인용 사물함과 빈 사물함 안전장치

보육활동에 사용되는 비품과 활동 자료는 찾아 꺼내기 쉬운 곳에 비치하고, 잘 보이는 위치에 명칭, 내용, 관련 영역을 표시한다.

2 인수인계 과정의 협의

1) 전년도 담임교사와의 협의

(1) 의견 듣기

담당하게 될 학급의 전년도 담임교사로부터 의견을 받아 학급 운영을 계획한다. 다음은 1, 3, 5세반에서 전년도 담임교사 의견을 정리한 사례이다.

❶ 1세반

구분	어려웠던 점	개선 사항	필요 물품	비고
언어	–	–	뽀로로 세트 인형, 그림책	–
역할	싱크대 문을 여닫기가 불편함	영유아용 주방놀이 가구 구입	–	–
쌓기	–	–	–	–
감각·탐색	–	–	–	–
신체	교실이 비좁아 대근육 활동 불편함	–	–	–
환경 구성	교실이 비좁아 교구장 비치하는 데 한계가 있음	기저귀 갈이 공간을 목욕실에 구성: 매트와 기저귀용 정리대를 이동	새 학기 맞이용 모빌이나 천 구입	–

❷ 3세반

구분	어려웠던 점	개선 사항	필요 물품	비고
언어	–	–	–	–
역할	대부분 유아가 역할 의상을 좋아해서 가끔 갈등 발생	여유 있는 수량으로 제공	직업에 따른 역할 의상 구입	–
쌓기	–	–	–	–
수·조작	–	–	–	–
미술	미술 재료를 너무 많이 사용함	그림 또는 사진으로 약속판을 붙여 주고 이야기 나누기로 지도	스팽글, 목공품, 뽕뽕이, 플레이콘, 에바(EVA), 딱풀 등 다양하고 아기자기한 꾸미기 재료	–
음률	연주 놀이 중에 파손된 악기가 있음	좀 더 튼튼한 악기 및 음률 교구를 제공하고 안전 지도 필요	튼튼한 소고, 실로폰, 마이크, 탬버린	–
과학	관찰용 화분이 일과 중에 쏟아지는 경우가 많음	과학 영역을 벽 쪽에 배치하거나 화분을 고정하기	–	–
신체	–	–	–	–
환경 구성	–	–	–	–

❸ 5세반

구분	어려웠던 점	개선 사항	필요 물품	비고
언어	한글 학습에 대한 부모 요구가 상시 많음	읽기, 쓰기 관련 언어 교구 보충 필요	누리과정 한글 패키지 교구 구입	–
역할	'세계 여러 나라'를 주제로 한 역할 의상이 없음	유아반에서 함께 공유할 수 있도록 구입	다양한 직업 및 여러 나라 의상 구입	–
쌓기	–	–	–	–
수·조작	–	–	–	–
미술	–	–	–	–
음률	타악기가 모두 나무 재질임	금속 재질의 실로폰을 구입하면 좋겠음	금속으로 된 실로폰	–
과학	과학활동에 별로 관심이 없음	비커와 샬레 등 유아가 조작할 수 있는 실험 도구 보충	유아용 과학 실험 도구 패키지 구입	–
신체	–	–	–	–
환경 구성	하늘색 벽지 뜯어진 부분	벽지를 새롭게 교체하면 좋겠음	도배 작업 요청	–

(2) 인수인계

담당할 학급에 대해 전임자의 의견을 듣고 인수인계서를 작성한 후 자신의 학급에 대한 운영계획을 수립한다.

인수인계서				
인계 기간				
항목	세부 내용	확인 사항	결과	비고
서류	• 주간계획안, 월간계획안, 연간계획안 • 일일보육일지 • 부모면담일지 • 관찰일지 및 발달보고서			
교재·교구	• 각 반 교재·교구대장과 구입품목 누락 여부 확인(업무분장 관련 인수인계가 이루어질 수 있도록 함) • 교재·교구 파손 및 수선 여부 확인 * 누리반은 누리 교구 확인			
시설 및 교실 상태	• 문, 창문, 벽면, 붙박이장, 블라인드 등 파손 및 수선 여부 확인 • 책상, 의자, 교구장, 사물함 등의 비품 관련 파손 및 수선 여부 확인 • 카세트, 컴퓨터, 청소기, 공기청정기, TV 등의 가전제품 파손 및 수선 여부 확인			
보완 의견				

위와 같은 내용으로 인수·인계하였음을 확인합니다.

년 월 일

인계자(구담임): (인)

인수자(신담임): (인)

○○○어린이집

3 학급 운영계획 수립

담임교사가 된다는 것은 1년 동안 학급의 모든 것을 책임진다는 의미이다. 전인교육을 추구하는 어린이집에서는 모든 것을 통합하여 제공하며, 그러한 역할이 곧 교사의 역할이다. 교사가 영유아에게 제공해야 할 것을 작은 자동차에 비유해 보면, 많은 것을 제공해야 함을 알 수 있다.

자신이 이끌어 갈 학급을 위해 교육과정 운영, 물리적 환경 및 보육활동 자료, 영유아 관리, 부모 관리, 자기 관리, 다른 반과의 차별화 전략 모색 등을 계획해 본다.

다음은 1세반과 3세반 담임교사의 학급 운영계획의 사례이다.

내용	1세반 프로그램 운영계획
학급 현황	• 아동: 10명(남: 5명, 여: 5명) • 담임: 곽○○, 방○○
교육과정 운영	• 보편적으로 관심 있는 주제를 선정하여 표준보육과정의 전 영역이 골고루 반영될 수 있도록 계획함 • 영유아의 발달특성 및 적응을 반영하여 연간보육계획의 주제는 월별이 아니라 7개의 대주제를 선정하여 영유아가 해당 주제를 진행할 때 통합적인 활동이 자연스럽게 반복, 심화, 확장되도록 융통성을 고려하겠음 • 영유아를 위한 연간보육계획의 주제는 계절이 선정되지 않았음. 이를 대신해 영유아에게 친근한 주변 환경의 변화에 대한 관심을 통해 자연스럽게 계절의 변화를 인식할 수 있도록 놀이와 활동을 통합적으로 진행하겠음 • 영유아의 어린이집 초기 적응 혹은 이전 연령과의 연계를 위해 어린이집에 대한 긍정적인 적응을 돕는 주제를 선정하겠음 • 흥미를 느끼는 동물, 탈것 등의 주제는 놀이 활동에서 연중 실시가 가능하도록 통합적으로 진행하겠음 • 각 주제의 특성에 맞게 주간 일정을 조절하여 영유아가 주제에 대해 반복, 확장, 심화를 긍정적이고 편안하게 이해하도록 진행하겠음
물리적 환경 및 보육활동 자료	• 영유아의 놀이나 탐색 활동이 활발히 일어나도록 계획하고, 영유아의 행동을 관찰하여 이를 다시 일일 계획에 반영하겠음 • 영유아의 발달 특성을 이해하여 발생 가능한 안전사고의 유형을 예측하고 예방하는 데 도움을 줄 수 있도록 하겠음 • 눈높이에 맞춘 환경 구성과 교수 방법으로 영유아들의 감각 발달을 도모하겠음 • 놀이 중 안전사고를 예방하기 위해 지속적으로 영유아를 관찰하고 위험한 상황에 놓이지 않도록 하겠음 • 영유아의 바닥 요나 이불, 베개를 밟고 다니지 않고 교실 안에서는 슬리퍼를 사용하지 않겠음
영유아 관리	• 영유아의 발달적 특성과 개인차를 이해하여 이를 존중해 주고 활동을 계획하며, 영유아를 주의 깊게 관찰한 후 이를 고려하여 상호작용하겠음 • 가정과 부모를 떠나 어린이집의 낯선 환경에 접하게 되는 영유아들의 정서 안정과 교사와의 신뢰 관계를 위해 영유아의 애정적 욕구를 충족시켜 줄 수 있도록 하겠음 • 이부자리는 매주 금요일에 가정으로 매트와 커버를 보내 청결하게 관리하겠음

<table>
<tr><th>내용</th><th colspan="2">1세반 프로그램 운영계획</th></tr>
<tr><td rowspan="7">영유아 관리</td><td>등원 및 맞이하기</td><td>부모와 편안하게 떨어져서 놀이하고 심리적으로 안정하도록 반기는 분위기를 조성하기</td></tr>
<tr><td>간식 및 점심</td><td>영유아들 곁에 앉아 함께 개인적인 이야기를 나누면서 즐거운 식사 분위기를 형성하기</td></tr>
<tr><td>낮잠 및 휴식</td><td>영유아들의 수면습관을 미리 파악하여 편하게 잘 수 있도록 돕기</td></tr>
<tr><td>기저귀 갈이와 배변 훈련</td><td>기저귀를 갈 때 가정과 같이 편안함을 느끼도록 배려하기</td></tr>
<tr><td>실내 놀이</td><td>늘 관찰하여 놀이를 잘할 수 있도록 격려해 주고, 놀잇감이 영유아의 움직임에 방해되지 않게 하기</td></tr>
<tr><td>바깥 놀이</td><td>신체적인 발달과 심리적인 발산의 기회를 주며 동시에 주변 자연환경을 탐색하고 느낄 수 있는 경험을 주기</td></tr>
<tr><td>귀가 지도 및 가정과의 연계</td><td>헤어질 때 간단한 스킨십과 인사로 친밀감을 유지하기</td></tr>
<tr><td>부모 관리</td><td colspan="2">• 신입 영유아의 부모가 안심하고 영유아를 보낼 수 있도록 신뢰감을 쌓겠음
• 개인 수첩을 적극적으로 활용해 부모와의 의사소통을 원활하게 하며, 가정과 연계하여 영유아의 발달과 보육에 도움이 되도록 하겠음</td></tr>
<tr><td>자기 관리</td><td colspan="2">• 공동 담임인 동료와 협력하며 즐거운 마음으로 업무에 임하겠음
• 어린이집 내 안전 규칙을 준수하고 눈높이에 맞춘 환경 구성과 교수 방법을 연구하겠음
• 영유아들과 눈을 맞추며 바르고 긍정적인 언어를 사용하겠음
• 교사 스스로 건강관리에 신경을 쓰겠음
• 영유아의 발달에 도움이 될 수 있도록 항상 공부하고 연구하겠음</td></tr>
<tr><td>차별화 및 1년 계획</td><td colspan="2">• 영유아들의 오감 발달이 잘 이루어질 수 있도록 다양한 매체나 자료들을 활용하여 즐거운 활동을 계획해 볼 것이며, 영유아, 부모, 교사가 함께 모두 화목하면 모든 일이 잘 이루어진다는 마음가짐을 하겠음
※매월 마지막 날에는 영유아들이 한 달 동안 어린이집에서 지낸 사진들을 가정으로 보내어 부모님들의 궁금증을 풀어 주고 믿음을 줄 예정임</td></tr>
</table>

내용	3세반 프로그램 운영계획
학급 현황	• 아동: 15명(남: 7명, 여: 8명) • 담임: 탁○○
교육과정 운영	• 영유아반에서 유아반으로 진급하는 시기로 발달 수준을 고려하여 활동 수준을 점차 높일 계획임 • 전년도 교육과정 운영평가를 반영하며, 유아의 전인적 발달을 위하여 기본생활, 신체운동, 사회관계, 의사소통, 자연탐구, 예술경험의 전 영역의 보육목표를 균형 있게 설정하고, 이전에 다루었던 내용이나 기술, 태도를 더욱더 증진하도록 계획함 • 중점 프로그램으로 계획한 표현활동을 각 주제에 맞게 선정하고, 활동을 통한 유아들의 표현력 증진 및 언어, 인성발달에 중점을 두고 진행하려 함 • 교육과정에 인성 증진 활동을 포함하여 유아들이 긍정적인 또래관계와 친사회적인 관계를 형성하고 발달할 수 있게 함 • 생활주제와 관련하여 어린이집 주변을 적극적으로 활용하고 지역사회 기관과도 연계하며, 가정 연계활동을 통해 어린이집과 원활하게 의사소통하고 정보를 공유할 수 있도록 함 • 누리교육과정을 접목하여 연간 보육을 계획하고 활동과 연계하여 진행하겠음
물리적 환경 및 보육 활동 자료	[주제에 맞는 교실 환경 구성하기] • 주제에 맞는 적합한 교재·교구를 제작 및 구입하여 각 영역의 내용에 맞게 배치하고, 내용물의 수를 고려하여 유아 간의 갈등 상황을 사전에 방지할 수 있도록 하겠음 • 교실 안팎의 게시 장소에 유아들의 작품을 게시하고, 자신의 작품에 대해 성취감과 자신감을 느낄 수 있도록 하겠음 • 유아들이 계절감을 느낄 수 있도록 환경 구성에 신경 쓰겠음 [누리교육 목표에 따른 활동 자료] • 누리교육 목표에 따라 교재·교구를 연구하여 유아들의 수준에 맞게 제작 및 구입할 수 있도록 계획하고, 사전에 준비하고 활동에 적극적으로 활용하겠음 • 다양한 매체를 활용한 활동을 계획하고 진행하여 유아들이 다양한 경험을 할 수 있도록 하겠음
유아 관리	• 등원 시 유아의 이름을 부르며 반갑게 맞이하고 안아 주며 정서적 안정감을 주기 위해 노력하겠음 • 유아와 눈높이를 맞추고 진심으로 아이의 입장을 이해하는 노력으로 자신이 존중받고 있다고 느낄 수 있도록 대화를 나누고 공감하겠음 • 유아의 요구와 질문에 대해 민감하게 반응하여 유아들의 요구가 무엇인지 파악하고 적절하게 반응하겠음

내용	3세반 프로그램 운영계획
유아 관리	• 긍정적인 상호작용을 제공하여 바람직한 모델링을 보이고, 놀이 활동 중이나 결과에 대해 칭찬과 격려를 하고 문제해결 등에 대하여 긍정적으로 제안하겠음 • 자유놀이에 교사가 참여하여 유아가 적극적으로 놀이에 참여하고 흥미와 수준을 높일 수 있도록 도와주겠음 • 직접적인 탐색 기회, 다양한 반응을 위한 질문, 또래 간 상호작용 격려를 통한 지식의 획득 상황과 기회를 제공하고, 유아에게 의미 있는 경험이 될 수 있도록 효과적인 교수법을 사용하겠음 • 신입 유아가 적응하는 데 있어 또래, 교사와 함께 긍정적인 유대관계를 형성할 수 있도록 도와주겠음 • 특수한 도움이 필요한 유아들은 복지사와 협의하여 가정과 연계된 다양한 프로그램을 통해 긍정적인 관계를 형성하고, 발달에 적합한 언어 수준과 또래관계가 형성되도록 도와주겠음
부모 관리	• 신입 유아의 부모들이 안심하고 아이를 맡길 수 있도록 신뢰감을 주겠음 • 교사와 적절한 대화와 소통할 수 있는 시간을 마련하여 부모와 교사 간의 활발한 교류가 이루어지도록 함 • 부모의 요구 및 개선 사항을 적극적으로 받아들이고, 최대한 수용하려고 노력함 • 어린이집에 방문할 시간이 없는 부모님들에게는 전화로 전달 사항이나 유아의 생활 모습들을 전하고 정보를 나누는 등 협력하는 시간을 갖겠음
자기 관리	• 매사에 솔선수범하고 유아가 따뜻함을 느낄 수 있도록 상호작용함 • 스스로 건강관리를 철저히 함 • 관련 서류를 기한 안에 제출하고, 스스로 노력하고, 동료들과 좋은 협력관계를 맺고자 함 • 바른 언어 사용과 바른 행동으로 유아들에게 교사로서 좋은 모델링이 될 수 있도록 힘씀 • 자신이 맡은 업무에 책임감을 가지고 최선을 다하는 교사가 되겠음 • 전문 지식을 쌓기 위해 교육에 적극적으로 참여하며 관련 공부를 게을리하지 않음
차별화 및 1년 계획	• 유아들이 표현 활동을 통해 표현력과 자신감을 증진하도록 하고, 실외 활동을 적극적으로 진행하겠음 • ♡♡반 동요 배우기: 다양한 동요를 배우고 알아보는 과정을 통해 유아들의 정서와 표현력, 언어발달을 돕고 즐겁고 경쾌한 ♡♡반이 될 수 있도록 진행하고자 함

Chapter 10

직장 내 갈등의 예방과 관리

1 인간관계의 원리

1) 갈등의 해결 유형

인간은 사회적 동물로 타인과의 관계 속에서 살아간다. 학생의 신분을 벗어나 직장인으로서 살아가는 과정에 학급을 관리하고 업무를 수행해 내는 일 못지않게 중요한 것이 인간관계이다. 갈등을 해소해 가면서 살아야 하는 인간관계는 교사뿐만이 아니라 모든 직장인에게 중요한 성공 요소이다. 카네기스쿨(2011)의 자료에 따르면 인간의 성공 요소를 자신감, 인간관계, 커뮤니케이션 능력, 리더십, 스트레스 관리 능력인 다섯 가지로 제시하고 있다.

교사 양성과정에서는 주로 영유아를 가르치고 보호하는 데 필요한 이론과 실제를 학습한다. 학습했던 여러 가지 지식과 기술로 학급을 운영하면서 교사의 책임하에 있는 영유아를 잘 가르치고 보호하게 된다. 이뿐만 아니라 부모와의 관계, 직장 동료인 교직원들과 상사인 원장, 더 나아가서는 지역사회 사람들과의 관계를 잘 맺는 것이 중요하다.

교사들의 이직 사유 중 가장 많은 내용은 직장 내 인간관계에서의 갈등으로 조사되었다(김혜경, 2006). 보수, 집과의 거리, 출퇴근 시간대, 물리적 환경과 같은 조건보다 더 많은 영향을 미치는 것을 알 수 있다.

Rahim(1983)은 자신과 타인의 관심을 근거로 갈등을 해결하는 유형을 다섯 가지로 제시하는데, 통합, 타협, 배려, 지배, 회피이다(이윤경, 1999, 재인용). 이와 관련된 이론을 종합하여 요약·정리한다.

- **통합형**

자신과 상대방의 관심과 이해를 정확히 알려야 하기 때문에 문제의 본질을 집중적이고 정확하게 파악하고 문제해결을 위한 통합적 대안을 도출해 내는 유형이다. 문제의 취지가 불분명하거나 복잡할 경우에 매우 적절하다. 통합형의 큰 장점은 단편적 측면에서 문제를 다루기보다는 총체적으로 문제를 다루기 때문에 장기적인 안목에서의 효력이 발생한다. 반면에 단점으로는 시간이 매우 오래 걸린다.

- **타협형**

양측이 모두 수용할 수 있는 상황에 이르기 위해 어떤 부분을 포기하는 것으로 자신의 관심사와 타인의 관심 모두가 중간 정도의 수준인 경우를 말하며, 가장 긍정적으로 사용될 수 있는 갈등 해결 방안으로 복잡한 문제에 대한 잠정적인 해결이 요구될 때 사용이 적절하다.

- **배려형**

원만한 인간관계를 유지하기 위해서 자신의 관심사는 버려두고 상대방의 관심사를 충족시켜 주기 위해 상대방의 주장을 따름으로써 갈등을 해결하는 유형이다. 배려해 준 후 무엇인가를 보답받을 수 있을 때 매우 적절하지만, 복잡하거나 악화된 문제에는 부적합하다. 배려형의 장점은 협동이 가능하다는 점이다. 약점으로는 중요한 문제점을 소홀히 다룰 수 있으므로 일시적인 대안이라 할 수 있다.

- **지배형**

자신의 관심사를 만족시키기 위해 상대방의 관심사를 억눌러 버림으로써 갈등을 해결하는 방법으로, 신속하고 결단 있는 행동이 요구될 때 비용 절감이나 규칙 강요와 같이 인기 없는 조치의 시행이 요구될 때 사용이 적절하다.

- **회피형**

갈등 논제로부터 물러나거나 피함으로써 자신뿐 아니라 상대방의 관심마저 무시하는 방법이다. 논제가 사소하고 다른 논제가 더 긴급할 때, 사람들을 진정시키고 생각을 가다듬게 할 필요가 있을 때 사용이 적절하다.

어린이집에서는 갈등을 예방하고 해결하는 과정에 교직원 개개인의 노력과 함께 바람직한 조직문화가 필요하다. 저자의 어린이집에서는 소속감과 협력적 분위기를 갖기 위해 의상과 소품으로 노력하고 있으며, 각 개인의 중요한 사건에 공감하고 격려하는 일정도 마련한다.

소속감을 위해 단체옷을 착용한 사례

즐거운 분위기의 교사 회의 시간

교사의 생일, 회갑, 결혼을 축하하는 장면

2) 조직생활에 필요한 관계 맺기

인간관계에서 가장 중요한 것은 내가 중심이 아니라 나를 보는 타인의 관점이라고 본다. 함께 생활하는 가운데 갈등이 발생하면 상대방의 입장을 고려할 것을 권한다. 즉, 스스로 갖는 기대감이 아니라 타인이 나에게 갖는 기대감을 고려해 본다. 사람은 자신에게 유의미하다고 생각되는 방향으로 그것이 실제로 이루어질 수 있다는 기대감이 높을 때 적극적으로 행동하게 된다.

인간의 행동 방향은 유의성, 수단성, 기대감의 세 가지 요인에 의해 결정된다.

- 유의성(valence)

무슨 일을 하려고 할 때 그 일로부터 얻을 수 있는 보상(rewards)을 얼마나 절실하게 원하는지에 대한 선호의 강도를 가리킨다. 유의성은 한 기관에서 교사진으로 만나 좋은 인간관계를 구축하려는 소중함과 중요성에 관한 인식이다. 모든 사람과 잘 지내는 것을 중요하게 생각하면서 업무에 임하는 교사는 유의성의 강도가 높은 사람이다.

- 수단성(instrumentality)

열심히 일한 성과가 원하는 보상을 얻는 데 어느 정도 도움이 되는가에 관한 믿음의 정도를 말한다. 수단성은 기관의 교직원들과의 관계에서 실제로 얼마나 도움을 받을 수 있을 것인지에 대한 믿음의 정도이다.

- 기대감(expectancy)

자신의 노력이 보상을 얻는 데 필요한 일정 수준의 성과를 가져올 수 있으리라 믿는 확률의 정도이다. 기대감은 한 직장에서 일하는 가운데 좋은 인맥을 구축할 가능성에 대한 확률이다.
사람이 타인과 인간관계를 맺는 데는 의식적, 무의식적인 영역에 걸쳐 다양한 동기가 영향을 미친다. 사람은 보통 타인과의 관계를 통해 다음과 같은 것을 얻고자 한다.
– 관심과 사랑
– 인정과 격려
– 즐거운 대화와 경험의 공유
– 업무상의 도움

자신의 위치를 살펴보고 성공한 삶을 살기를 원하는 자들을 위해 다양한 저서를 집필한 중국의 바이취엔젠 교수는 『성공하고 싶을 때 일하기 싫을 때 읽는 책』(2010)과 『삶을 맛있게 요리하는 인간관계 레시피』(2007)에서 다음과 같이 언급하였다.

- 자신의 운명을 스스로 바꾸고 결정하라. 운명을 바꾸려면 자기 내면부터 정화하라.
- 더욱 나은 삶을 원한다면 경쟁을 배워라. 매일 조금씩 진보하라. 타인에게 꼭 필요한 사람이 되어라.
- 배움을 멈추지 마라. 실패를 두려워하지 말고 딛고 일어서서 성공하라.
- 적극적으로 마음먹고 적극적으로 행동하라.

- 상대방의 실수에서 장점을 발견하라.
- 자기 일은 반드시 책임을 다하라. 살아서 버틸 수 있는 것도 커다란 행운이다.
- 돈의 노예가 되지 말고 주인이 되어라. 눈앞의 이익 때문에 원대한 꿈을 포기하지 마라.
- 유연한 사고로 두뇌를 최대한 활용하라. 단계적으로 접근하면 문제는 풀린다.
- 사소한 부분도 놓치지 말고 기회로 전환하라.
- 화법에 긍정적인 색채를 입혀라. 누구에게나 예의를 갖추어라.
- 처세에도 나름의 원칙이 있다. 남을 돕는 것이 곧 나를 돕는 것이다. 인간이 가장 필요로 하는 것은 존중받는 삶이다. 일은 열정적으로 하고 휴식은 달콤하게 즐겨라.
- 감사할 것만 기억하고 잘못은 잊어라. 여유로운 마음으로 일상의 기쁨을 퍼 올려라.

2 보육교사로서의 나 돌아보기

1) 자아개념

교사의 길에 들어서서 역할을 수행할 때 자신의 적성에 맞는 직업을 선택했다고 느끼는 교사는 대부분 긍정적으로 직무를 수행한다. 긍정적인 자아개념을 가진 사람들은 자신이 속한 조직 내에서 생산성 증진에 기여한다.

자신에게 스스로 부여하는 가치만큼 주변 사람들이 나를 인식한다. 내가 능력이 있다고 스스로 믿으며 활기차게 직무를 수행할 때, 다른 사람들도 나를 믿고 그렇게 대우해 준다. 저자가 원장 경력을 통해 교사들을 관찰하고 분석해 본 교사들의 모습이다.

긍정적인 자아개념을 가진 교사는 다음과 같은 특성을 갖는다.

- 기관 내에서 원장이 요구하는 것 이상으로 업무를 수행함
- 새로운 일을 두려워하지 않으며 사람들에게 친절함

- 타인과 나의 차이점을 인정하고 의견이 달라도 신중하게 토의함
- 연간, 주간, 일일 계획을 잘 수립하여 실행함
- 항상 표정이 밝고 걸음걸이도 경쾌함
- 많은 사람과 상황에 예의가 바름

부정적인 자아개념을 가진 교사는 다음과 같은 특성을 갖는다.

- 자신의 교수기술이나 업무 능력을 스스로 의심함
- 지나치게 망설이고 조심스러운 업무 절차로 인해 주변 사람을 답답하게 만듦
- 자신에게 부정적인 만큼 영유아의 본성에도 부정적임
- 동료 교사의 언행에 비판적인 견해를 가짐
- 다른 사람으로부터 무시당하지 않을까 하며 늘 소심함
- 비판적인 언행 때문에 동료들에게 불친절하다는 오해를 삼
- 일과 중에 실수를 저지르면 그로 인한 스트레스를 해결하지 못함

직장생활의 변화에 대처하는 능력을 기준으로 교사의 유형을 분류해 보았다. 자신은 어떤 유형에 해당하는지 점검해 보기를 바란다.

- 위를 주로 보는 사람: 자신의 능력보다 꿈이 너무 큰 사람이다. 어떻게 보면 능력이 탁월하지만 교직원 대부분과 문화나 코드(code)가 맞지 않는다. 아는 것이 많고 능력은 탁월하지만 원장이나 경력교사가 업무를 지시하는 데 부담을 느끼며 마음고생을 할 수 있다.
- 앞을 주로 보는 사람: 흔히 마당발이라고 불린다. 일이 삶의 최우선이다 보니 다른 동료들보다 열심히 일한다. 기본적인 성향이 얼리버드(early bird) 형이며 기관이 가장 좋아하는 사람이다.
- 옆을 주로 보는 사람: 자신이 하는 일에 만족을 못 하고 현실에 불만이 많은 사람이다. 다른 학급의 수업이나 용품을 곁눈질하고 성실하지 못하기 때문에 자신이 맡은 영유아들의 수업에도 불성실하다. 현상과 본질을 잘 모르고 타인으로부터 불쌍한

유형으로 취급받는다.

- 뒤를 보는 사람: 직장 내에 무슨 일이 생기는지도 모르고 관심이 없다. 심한 경우 교사직을 수행하기 위해 출근한 것인지, 직장인인지, 놀러 온 사람인지 구분이 안 된다. 자리보전에만 관심이 있다. 이들이 없을수록 좋은 직장이다.

2) 원장과의 관계

사랑이 많은 성품과 냉철한 이성적 사고를 겸비해야 하는 전문직업인으로서 원장과의 관계는 어떤 형태가 바람직한지 생각해 보자.

- 적절한 거리감 유지: 지나친 친밀감이나 멀리 떨어져서 바로 보는 시선이 아닌, 예의범절을 지키는 선에서 정중하게 모신다는 마음으로 관계를 맺는다. 상사로서의 지시와 지도에 성실하게 따르고 최선을 다한다는 마음가짐이 있어야 한다.
- 원장의 운영 방향 이해: 모든 기관은 원장의 철학과 운영 방침에 따라 환경이 구성되고 프로그램이 진행된다. 한 기관의 교사로 취업한 이상 기관의 리더인 원장의 방침에 따라야 한다.
- 업무와 관련된 일들은 반드시 보고: 업무지시를 받아 실행했던 것뿐만 아니라 부모와의 관계, 학급 내에서 일어난 일들을 정리하여 보고한다.
- 있는 그대로의 모습으로 인정받기 위한 노력: 어린이집은 수업, 식사, 간식, 낮잠까지 일과로 포함되는 직장이므로 생활의 많은 부분을 동료나 원장과 함께한다. 가식적인 모습보다는 솔직한 모습으로 즐겁게 생활해야 한다.

3) 동료와의 관계

어린이집은 가정과 기관이라는 두 가지 특성이 공존하는 직장이므로 동료들과 협력하면서 친밀하게 생활해야 한다.

- 동료들과의 예의를 지키고 심리적으로 편안하게 지내려고 노력한다.
- 자신의 학급 관리 외에 많은 업무를 분담하여 수행한다.
- 자기 역할에 소홀하여 다른 동료들에게 피해를 주지 않는다.
- 자신의 위치를 통찰하고 적절한 업무와 태도로 현명하게 처신한다.
- 매일 어떤 일을 어떻게 처리할지 세부적으로 계획한다.
- 경력, 나이, 재직 순위 등을 존중하여 예의를 갖추면서 대한다.
- 학생의 신분에서 벗어나 직장인이 되었으므로 동료의 경조사에 예를 갖춘다.
- 가까운 동료에게도 사적인 말투를 쓰지 않으며 교사 간에는 반드시 '선생님'이라는 호칭을 사용한다.
- 친밀감의 표현을 위해 유머 사용, 경청 자세, 미소 짓기, 상황에 맞는 표정, 팔짱, 시선 교환 등의 언행에 유의한다.
- 동료의 장점을 존중하고 결점도 있는 그대로 인정하며 배려한다.
- 동료가 뭔가를 시도하면서 노력하고 있을 때 자청하여 도와준다.
- 온종일 같은 교실 내에서 생활하는 공동 담임과 특별히 잘 지낸다. 어려움과 수고를 함께 나누려는 자세가 필요하며, 동료애를 증대하려고 노력한다.
- 수업 준비나 소지품 정리를 철저히 하여 동료에게 피해를 주지 않는다.
- 문서 작성의 마감 시간과 같은 약속은 반드시 지키고 피해를 주지 않는다.
- 원장이나 선배 교사의 복장이나 분위기를 따르고, 품위를 지키는 용모를 갖춘다.
- 무례하게 말하거나 지저분한 모습으로 근무하지 않는다.
- 지나치게 귀엽거나 노출이 심한 의상은 피한다.
- 재료를 재활용하거나 코팅기 등 물품의 사용 여부를 판단하고 절약하는 생활 태도를 보인다.
- 수업 중에 휴대전화 사용이나 사적인 통화를 금한다.
- 직장 내에서는 가까운 동료와도 금전 관계는 맺지 않는다.

어린이집 전체의 긍정적인 분위기는 보육교사 개개인이 긍정적이고 행복한 삶을 위해 부단히 노력하는 것에서 비롯된다. 긍정적인 자아개념을 갖기 위해 다음과 같은 방법을 사용해 본다.

- '나는 잘할 수 있다.'라고 믿는 자기 성취 예언한다.
- 기관에서의 자기 위치(초임, 경력, 주임 등)를 인지하고 적합하게 행동한다.
- 보육교사의 발달단계(생존기, 강화기, 갱신기, 성숙기)에 따라 수련한다.
- 가장 잘할 수 있는 업무와 부족한 업무에 대한 보완법을 찾는다.
- 자신이 가치 있는 존재라고 믿는다.
- 존경하는 사람의 스트레스 해결법과 나만의 방법을 찾는다.
- 동료 보육교사의 장점 목록을 만들고 서로 인정한다(피그말리온 효과[13]).
- 서로의 약점을 받아들이고 도와준다.
- 다른 사람을 인정한다.
- 반성적 사고를 위해 자신의 학급에서 일어나는 일을 중심으로 저널을 쓴다.
- 영유아 보육교사에게 요구되는 지식 영역에 관심을 두고 전문성을 신장하려는 노력을 한다.

4) 부모와의 관계

부모는 대부분 자신의 자녀가 기관에서 좋은 배려를 받고 지낸다는 느낌을 원한다. 아직 의사 표현이 서툰 영아의 부모는 이러한 욕구가 더 높다. 어린 영유아를 처음 어린이집에 보내는 부모의 입장이 되어 보면 이해가 된다. 그들에게 자녀는 세상의 전부이다. 내가 맡고 있는 소중한 영유아의 부모를 대할 때 다음의 문장을 늘 떠올려 보자.

Every child in your class is someone's whole world!

부모가 믿고 맡길 수 있는 보육교사에게서는 전문가의 자세와 사랑이 충만한 모습이 동시에 보인다. 이러한 교사가 되기 위해 다음의 사항을 참고한다.

---

13) Pygmalion effect. 타인의 긍정적인 기대나 관심이 개인의 능률이나 결과에 좋은 영향을 미치는 효과

- 긍정적인 첫인상을 남긴다.
- 공식 행사에는 정장을 입고 용모와 표정에서 전문가의 모습이 연출되도록 한다.
- 예의를 지키면서 대한다.
- 부모들에게 필요한 개별서비스를 제공해 주고 최선의 정보를 제공한다.
- 부모가 비판할 때는 맞대응하지 않고 메모하며 경청한다.
- 부모와의 교류는 원장에게 보고한다.
- 부모와 보육교사 모두 영유아 앞에서 누구에 대해 험담하지 않는다.
- 부모와는 어떤 상황에도 사적인 관계를 맺지 않는다.
- 사고나 결석 시 반드시 전화나 방문으로 위로하고 성의를 보인다.

참고로 보육교사 업무 간소화 시책에 따른 부모와의 소통 내용은 다음과 같다.

알림장 예시: 표지

I·SEOUL·U
너와 나의 서울

영아 알림장

반명:　　　　아동명:　　　　교사명:

서울시 어린이집은 안전한 보육을 위해 '간편알림장'으로 부모와 소통하기를 권장합니다.
"내용은 특이 사항 중심으로, 사진은 행사 중심으로, 교사는 아이 중심으로"

출처: 서울특별시(2019). 2019 서울시 보육사업안내.

알림장 예시: 내지

가정에서 20 년 월 주						
구분		월	화	수	목	금
체온(열)		있음(℃)/없음	있음(℃)/없음	있음(℃)/없음	있음(℃)/없음	있음(℃)/없음
식사		정량/과다/부족	정량/과다/부족	정량/과다/부족	정량/과다/부족	정량/과다/부족
배변		회	회	회	회	회
		보통/딱딱/설사	보통/딱딱/설사	보통/딱딱/설사	보통/딱딱/설사	보통/딱딱/설사
수면		시간 분	시간 분	시간 분	시간 분	시간 분
투약 의뢰	종류					
	용량					
	시간					
	보관					
	의뢰자					
특이 사항	월					
	화					
	수					
	목					
	금					

어린이집에서 20 년 월 주						
구분		월	화	수	목	금
체온(열)		있음(℃)/없음	있음(℃)/없음	있음(℃)/없음	있음(℃)/없음	있음(℃)/없음
식사		정량/과다/부족	정량/과다/부족	정량/과다/부족	정량/과다/부족	정량/과다/부족
배변		회	회	회	회	회
		보통/딱딱/설사	보통/딱딱/설사	보통/딱딱/설사	보통/딱딱/설사	보통/딱딱/설사
수면		시간 분	시간 분	시간 분	시간 분	시간 분
투약 보고	투약 여부	○ / X	○ / X	○ / X	○ / X	○ / X
	확인자					
특이 사항	월					
	화					
	수					
	목					
	금					

출처: 서울특별시(2019). 2019 서울시 보육사업안내.

5) 외부인과의 관계

(1) 실습생

대학이나 교육원에서 배치한 실습생은 6주 동안 실습일지에 기록해야 하는 내용을 중심으로 실습 지도교사가 지도한다. 교실에서 업무를 보조하는 인력이 아닌 유아교육 전문가의 양성에 일조하는 과정으로 생각하고 교육적인 차원에서 지도한다. 실습을 마친 학생들이 평가회에서 실습기관과 지도교사에게서 배운 내용과 더불어 인간적인 측면에서 무시당했던 사례, 청소나 개인적인 심부름에 동원되었던 사례의 느낌을 토로하는 경우도 있다. 현장 실습 후에 현장에 취업하지 않겠다는 마음이 들지 않도록 배려하면서 지도한다. 영유아의 부모에게도 실습생의 소속과 기간, 역할 등을 안내한다.

(2) 자원봉사자

영유아의 발달에 대한 기본적인 지식이 부족하고 다양한 동기를 가지고 오므로 각각 다른 지도가 필요하다. 자원봉사자의 특성을 파악하고 적합한 일을 제공한다. 초등학생에게는 실외 놀이터 풀 뽑기, 유희실 바닥 닦기 같은 단순한 일을 줄 수 있고, 중·고등학교의 학생에게는 영유아들의 식사 돕기, 유아교육 전공 대학생에게는 교재·교구 제작 돕기 등의 작업을 요청한다. 자원봉사자에게도 실습생과 동일하게 기관의 기본적인 정보와 유의 사항을 알려 주고 명찰을 패용하게 한다.

(3) 견학자

좋은 기관일수록 견학을 원하는 사람이 많다. 영유아의 일과 진행에 영향을 받지 않는 일정 시간을 정하고, '영유아들의 활동에 개입하거나 말 걸지 않기' 등의 규칙을 지켜 달라고 요청한다. 견학자도 외부인이므로 기관에 머무는 동안에는 '견학자'라고 적힌 명찰을 패용하게 한다.

3 어린이집에서의 예절

성공적인 직장생활을 위해서는 실력과 성품을 갖추고 그에 따른 자신의 보이는 모습을 관리해야 한다. 직장 내에서 호감을 주는 모습으로 좋은 인간관계를 맺으면서 지낼 때 직장은 즐거운 일터가 되고 많은 조력자를 만들게 된다. 인간관계를 잘 맺기 위해 다른 교사나 직원들과의 관계에서 갖추어야 할 예절을 살펴본다. 예절이란 인간 사이의 교류에 있어서 상대방을 대할 때 갖추어야 하는 존경의 표시를 의미한다. 또한, 직장에서 지켜야 할 기본 원리이며, 인내하고 양보하면서 상대를 편안하게 배려해 주는 관행적 규범이다.

1) 인사법

인사는 인간관계가 시작되는 첫 신호이며 사람 사이에 나 자신의 소양을 알리는 일이기 때문에 바르고 성실한 태도로 한다. 밝은 인사말로 상황에 맞게 표현하며 상대의 눈을 보고 미소를 지으며 인사한다. 출퇴근 시간이나 일과 중에 명랑하게 인사하는 것을 습관화한다. 가능하면 근로계약서의 출근 시간보다 10분 일찍 출근하여 인사를 나누며 자신의 교실을 정돈하고 일과를 시작할 것을 권한다. 바른 인사법은 다음과 같다.

◆ 바른 인사법

- 원장, 동료 교사, 부모, 지역사회 사람 등 인사 나눌 사람을 만났을 때 내가 먼저 적극적으로 인사한다. 주저하며 억지로 인사를 건네거나 무표정 또는 어두운 표정으로 인사하는 교사는 기관 전체의 인상을 어둡게 만든다.
- 가슴과 등을 자연스럽게 곧게 하고 인사할 때는 허리를 굽힌다. 고개만 까딱하며 인사하는 교사는 본인의 의도와 상관없이 무례하고 건방지게 보인다.
- 허리를 숙인 상태에서 잠시 멈추고 상체를 들 때는 숙일 때보다 천천히 든다. 감사

와 존경을 나타내고 싶을수록 천천히 인사한다.

- 상대의 미간에 시선을 주고 미소를 지으며 인사한다.
- 밝고 명랑한 목소리로 적절한 인사말로 인사한다. 인사를 나눈 후 대화는 '날씨'와 같은 소재가 무난하다.
- 양손을 모을 때 여성은 오른손을, 남성은 왼손을 위에 놓는다.
- 발꿈치는 모은다.
- 앉아 있다가 인사를 나눌 때는 일어서서 인사하고, 일어나지 못한 경우는 묵례나 눈인사를 한다.
- 상대방이 먼저 인사했을 때는 반드시 대답한 후에 인사한다.
  - '예, 안녕하십니까?'
- '수고하셨습니다' 같은 인사는 원장이나 선배 교사에게 하지 않는다.
  - '고생 많으셨습니다.'가 무난하며, 상황에 따라 '정말 고맙습니다.', '지원해 주셔서 감사합니다.'라고 말한다.

2) 용모

교사의 옷차림은 품위 있으면서 영유아와의 활동에 지장을 주지 않는 것이 바람직하다. 어떤 옷을 입을지 판단해야 할 때는 원장이나 경력교사의 드레스코드에 맞추는 것이 좋다. 자신이 속한 직장문화와 체제에 대한 존중과 순응을 의미한다. 보육교사라는 직업인으로서만이 아니라 영유아들이 단정하고 아름다운 교사를 좋아하기 때문에 호감을 느낄 수 있는 용모로 근무해야 한다.

화장은 피부색과 의복에 어울리도록 단정하고 깔끔하게 하며, 어린 아기들과 생활하는 영아반 교사는 영아를 안거나 잦은 스킨십으로 활동하므로, 영아에게 색조화장품이나 기타 화장품이 묻어나지 않도록 유의한다.

머리 모양은 교사의 이미지를 결정할 때 많은 비중을 차지한다. 단정하고, 영유아들과 활발한 상호작용이 가능하게 표정 전체가 보이는 스타일이어야 한다. 유아교사는 활동을 지도할 뿐만이 아니라 식사나 간식을 배식하므로 고개를 숙였을 때 머리가 흘러내리거나 시야를 가리지 않도록 한다. 긴 머리는 단정하게 묶는 것이 좋다.

액세서리나 소품의 사용에도 신중해야 한다. 영유아를 안았을 때 브로치나 목걸이의 뾰족한 부분, 돌출된 디자인의 반지가 여린 피부에 상처를 입힐 수 있다. 영유아들과 함께 하는 일과 중에는 위험 요소가 되지 않도록 착용을 금하는 것이 좋다.

황혜미(2010)가 제시하는 전문직 여성을 위한 용모와 복장 체크포인트를 유아교육 현장에 맞게 보완해 보았다. 현장에 취업한 후뿐만이 아니라 실습을 나가는 학생도 점검해 본다. 현장실습 기간에는 '선생님'이라는 호칭으로 불리며 교사로서의 일상을 실습하기 때문이다.

구분	체크포인트
헤어	• 청결하며 잘 손질되어 있는가? • 근무에 적합한 스타일인가? 흘러내리지 않는가? • 염색이나 컬러링이 지나치게 눈에 띄지 않는가? • 액세서리의 소재와 디자인이 근무환경과 어울리는가?
화장	• 피부 손질의 마무리가 잘 되어 있는가? • 부분 화장이 흐트러지지 않았는가? • 립스틱 색상은 교사직에 적절한가? • 손톱의 길이는 적당한가?
복장	• 구김이 없고 청결한가? • 속옷이 비치지 않는가? • 디자인과 소재는 유아들과 생활하기에 적절한가? • 흘러내릴 만큼 느슨하지 않은가? • 치마나 바지 길이가 교사의 업무에 적당한가? • 몸에 꽉 끼지 않는가? • 스타킹의 색상은 적당하며 늘어나지는 않았는가? • 예비스타킹을 가지고 있는가?
구두와 가방	• 잘 닦여 있는가? • 모양에 변형이 오지는 않았는가? • 소재와 색상은 적합한가? • 너무 화려하지 않은가?

출처: 황혜미(2010), 수정·보완.

3) 전화 예절

어린이집은 수시로 재원아의 부모와 상담하거나 입학 상담이 이루어지는 곳이며, 견학자, 방문자, 자원봉사자, 관리감독청의 공무원 등 많은 사람과 교류하는 곳이다. 이러한 교류 과정에서 관련된 사람 혹은 기관 담당자와 통화하는 일이 잦다. 방문하지 않은 상태에서 전화로 업무를 처리할 때 전화 속의 응대 방법은 기관 전체의 분위기를 대변한다. 바른 전화 응대로 좋은 이미지를 남기면서 몸담은 직장에 도움이 되는 존재가 되어야 한다.

전화를 받으면 "○○○어린이집 ○○반 교사 ○○○입니다." 등의 말로 자신의 이름을 밝히고 상대방을 확인하며 적절한 인사를 한다. 가라앉은 목소리보다는 경쾌한 톤으로 대화하는 것이 좋다. 한 손은 수화기를 들며, 다른 손으로는 통화 내용을 메모한다. 전화기 근처에는 항상 필기도구를 준비해 놓는다. 전달 사항이나 중요 사항은 통화자가 내용을 남겨 놓는다. 직장 내에서 개인 용무로 통화할 경우에는 개인의 휴대전화를 이용한다.

4 의사소통 능력

의사소통 능력은 직장생활에서 문서를 읽거나 상대방의 말을 듣고 의미를 파악하고, 자신의 의사를 정확하게 표현하는 능력이다. 우리나라의 국가직업능력표준(www.ncs.go.kr)에서는 '의사소통 능력'을 직장인이 학습할 필수 교과목으로 정하였다.

의사소통 능력을 위한 학습 모듈의 내용을 보면 문서 이해 능력, 경청 능력, 문서 작성 능력, 의사 표현 능력, 기초 외국어 능력이 포함된다.

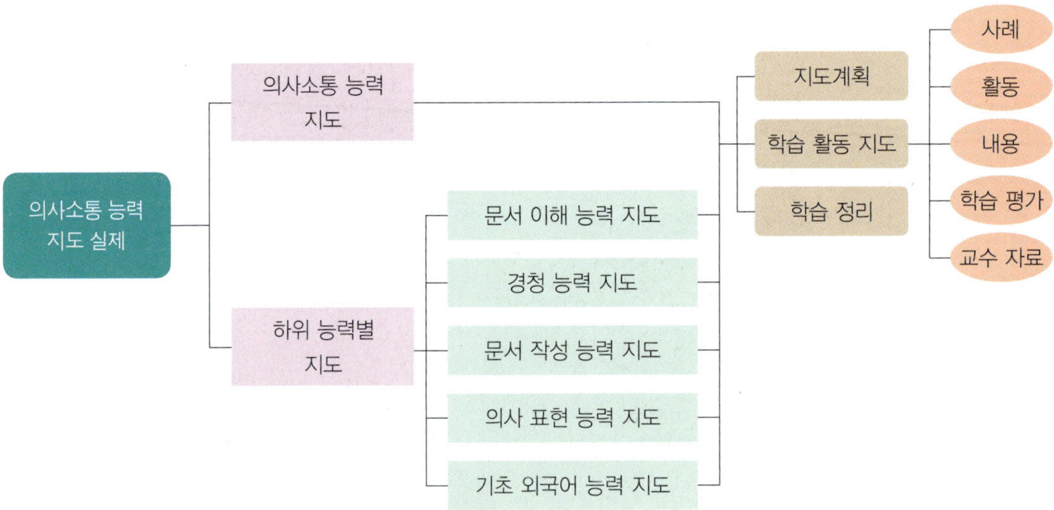

출처: 국가직업능력표준 홈페이지. 기초직업능력 프로그램 중 의사소통 능력 모듈, p. 3.

의사소통 능력의 성취 수준을 다음과 같이 정의한다.

<table>
<tr><th colspan="2">구분</th><th colspan="2">성취 수준</th></tr>
<tr><td colspan="2" rowspan="3">의사소통 능력</td><td>상</td><td>직장생활에서 제안서, 기술매뉴얼과 같은 복잡한 내용에의 문서를 읽거나 작성함으로써 정보를 종합하고, 업무 성과를 발표하는 상황에서 논리적으로 의사를 표현한다.</td></tr>
<tr><td>중</td><td>직장생활에서 메일, 공문과 같은 기본적인 내용의 문서를 읽거나 작성함으로써 정보를 요약하고, 회의와 토론 상황에서 주제에 맞게 의사를 표현한다.</td></tr>
<tr><td>하</td><td>직장생활에서 지시문, 메모와 같은 간단한 내용의 문서를 읽거나 작성함으로써 정보를 이해하고, 결과를 보고하는 간단한 상황에서 이해하기 쉽게 의사를 표현한다.</td></tr>
<tr><td rowspan="15">하위 능력</td><td rowspan="3">문서 이해 능력</td><td>상</td><td>직장생활에서 최신 기술매뉴얼과 같은 복잡한 업무 문서를 읽고, 필요한 정보를 종합한다.</td></tr>
<tr><td>중</td><td>직장생활에서 예산서, 주문서와 같은 기본적인 업무 문서를 읽고, 필요한 정보를 요약한다.</td></tr>
<tr><td>하</td><td>직장생활에서 지시문, 메모와 같은 간단한 업무 문서를 읽고, 필요한 정보를 확인한다.</td></tr>
<tr><td rowspan="3">문서 작성 능력</td><td>상</td><td>제안서와 프리젠테이션과 같은 복잡한 문서를 논리적으로 작성한다.</td></tr>
<tr><td>중</td><td>메일이나 공문과 같은 기본적인 문서를 형식에 맞게 작성한다.</td></tr>
<tr><td>하</td><td>상사의 지시나 전화 메시지와 같은 간단한 문서를 읽기 쉽게 작성한다.</td></tr>
<tr><td rowspan="3">경청 능력</td><td>상</td><td>부서 전체의 회의에서 발표를 듣는 것과 같은 복잡한 업무 상황에서 들은 내용을 종합한다.</td></tr>
<tr><td>중</td><td>고객의 주문 전화를 받는 것과 같은 기본적인 업무 상황에서 들은 내용을 요약한다.</td></tr>
<tr><td>하</td><td>상사의 지시를 듣는 것과 같은 간단한 업무 상황에서 들은 내용을 이해한다.</td></tr>
<tr><td rowspan="3">의사 표현 능력</td><td>상</td><td>업무 성과를 발표하는 것과 같은 복잡한 상황에서 논리적으로 의사를 표현한다.</td></tr>
<tr><td>중</td><td>부서의 회의 중 토론을 하는 것과 같은 기본적인 상황에서 주제에 맞게 의사를 표현한다.</td></tr>
<tr><td>하</td><td>상사에게 결과를 보고하는 것과 같은 간단한 상황에서 이해하기 쉽게 의사를 표현한다.</td></tr>
<tr><td rowspan="3">기초 외국어 능력</td><td>상</td><td>외국어로 된 메일을 받는 업무 상황에서 메일을 직접 읽고 의미를 이해한다.</td></tr>
<tr><td>중</td><td>외국어로 된 메일을 받는 업무 상황에서 사전을 활용해서 해석하여 의미를 이해한다.</td></tr>
<tr><td>하</td><td>외국어로 된 메일을 받는 업무 상황에서 다른 사람의 도움을 얻어 의미를 이해한다.</td></tr>
</table>

출처: 국가직업능력표준 홈페이지. 기초직업능력 프로그램 중 의사소통 능력 모듈, p.11.

Chapter 11

보육교사의 윤리와 자아존중감

1 보육교사 직업의 특수성과 윤리

1) 영유아에 대한 사랑

보육교사를 꿈꾸고 준비했던 대부분의 사람은 오래전부터 영유아를 좋아하고 가르치는 일을 좋아한다. 높은 연봉이나 사회적 지위를 바라는 사람보다는 늘 순수한 영유아들과 함께 생활하면서 인격 형성에 영향을 미치고 교육을 통해 보람을 느끼는 일에 가치를 둔다.

영유아는 자신의 위험이나 싫은 일, 불리한 상황, 불안 등을 거부할 수 있는 표현 능력이 부족하고 신체적으로도 미숙하기 때문에 안전한 생존 자체를 위해 성인의 보호가 절대적으로 필요하다. 교사 자신이 그 업무를 수행한다는 사실을 잊지 않고 보육에 임한다. 미숙한 발달상태 자체를 존중하며 영유아에게 해가 되는 어떠한 언행도 드러내서는 안 되며 영유아 나름의 의사 표현에 항상 주의를 기울인다. 영유아의 감정이나 의사 표현을 존중하고, 잘 표현할 수 있는 여러 가지 방법을 찾아 알리고 싶은 내용을 전달하도록 도와줘야 한다. 한 단어(예: 가방)를 말할 때 문장(예: ○○의 가방이 어디 있는지 궁금하니?)으로 확장하여 묻는 방식을 통해 언어발달도 도와줄 수 있다. 영유아가 원하는 것을 제대로 알아들으려고 노력하고, 충족시켜 주기 위해 노력하는 교사의 모습은 영유아에게 신뢰를 줄 수 있다.

보육활동과 함께 많은 업무를 병행해야 하고, 미성숙한 영유아에게서 한시도 눈을 뗄 수 없는 직무의 특성 때문에 사랑이 없는 사람은 업무수행이 불가능하다. 어린이집 내 학대사고의 여러 사례가 점심시간이나 낮잠 시간에 발생하는 것을 보면 끊임없이 움직이고 개별로 행동하는 영유아들로 인해 교사들이 스트레스를 많이 받고 있다는 것을 짐작할 수 있다. 교사 본인의 식사를 다른 장소에서 별도로 할 수 없는 현실을 감안할 때 함께 식사하며 각기 다른 속도와 요구를 보이는 영유아들의 행동을 느긋하게 받아 주고 격려하는 성품이 필요하다. 이러한 성품은 영유아에 대한 본능적인 사랑이 기초가 된다.

2) 양육자의 역할

미성숙한 영유아들과 생활하면서 보육교사는 교사와 엄마의 역할을 동시에 수행한다. 자신의 의지나 능력으로 할 수 있는 일이 많지 않은 영유아에게 교사의 영향은 지대하다. 교사는 하루 대부분을 함께하는 영유아의 발달과업을 파악하여 적합한 교육뿐만 아니라 보호자를 대신하여 보호와 양육을 제공해야 한다.

영유아기의 중요한 발달과업은 양육자와의 긍정적인 애착 형성이다. 어린 영아의 시기부터 양육자가 보여 주는 긍정적인 반응과 요구의 수용은 바람직한 애착을 형성하게 한다. 특히, 만 1세까지 영아는 자신과 다른 사람의 애착 관계에서 신뢰감을 형성한다. 이러한 신뢰감 형성을 기반으로 여러 가지 행동에 자신감을 갖고 자율적으로 행동하게 된다. 자신을 보호해 주는 양육자가 의사 표현을 이해하려고 노력하고 욕구에 따뜻하고 성의 있게 반응해 줄 때 영유아도 그러한 태도를 보고 배우며, 타인에게 신뢰감을 주는 사람으로 성장한다.

여러 영유아를 집단으로 보육하는 과정에서 매 순간 모든 영유아에게 따뜻하고 신속한 반응을 보여 주기 어렵지만, 가능하면 일관성 있는 태도로 개별적으로 반응해 주는 것이 좋다. 어떠한 상황에서도 따뜻하며 신속하고 일관성 있는 반응을 위해 노력하는 윤리적인 노력이 필요하다.

보육교사가 수업을 이끌어갈 때 개념 학습 지도의 과정 못지않게 일상적 양육도 중요하다. 의사 표현이 미숙한 영유아를 위한 일상적 양육에서 교사의 역할과 자질은 연령이 어릴수록 미치는 영향이 크다. 건강하고 안전하게 보호하는 양육의 역할에서 보육교사에게는 더 높은 수준의 직업윤리가 필요하다.

3) 갈등 상황이 있는 일과

영유아들과 일과를 끌어갈 때 보육교사는 수많은 딜레마[14]에 빠질 수 있다. 어떤 방식의 교육과 보호가 영유아에게 좋은지 갈등하며 의사결정을 내리기 어려운 상황에 직면

14) dilemma. 몇 가지 중 하나를 선택해야 하는 상황에서 판단을 내리지 못하고 있는 상태

하기도 한다. 급간식을 지도할 때 체력이 약하고 편식하는 영유아에게 다소 무리한 방법을 동원해서라도 배식된 양을 모두 먹게 하고 싶은 사랑의 마음이 있지만, 입을 앙다물고 먹지 않겠다고 완강하게 거부하는 영유아를 어떻게 지도할지 갈등상황에 빠진다. 강제로 먹이다가 자칫 아동학대 범주에 속하는 행동을 하게 될 수도 있다. 한 아이만 집중해서 지도할 수 없는 집단보육도 보육교사의 딜레마 상황의 예가 된다. 각 상황에 대한 판단에 심사숙고해야 한다.

소수의 인원으로 학급이 구성되지만, 각기 발달이 다른 영유아들과 일과를 끌어가는 과정에서 끊임없이 변화와 융통성이 필요하게 되고, 이때 보육교사의 개인적 가치에 따라 행해지는 의사결정은 영유아들의 삶에 많은 영향을 미친다. 이러한 측면에서 보육교사에게는 윤리강령이 필요하다.

4) 다양한 부모와의 관계

교실에서뿐만이 아니라 부모와의 관계에서도 딜레마에 빠질 수 있다. 어린 영유아를 담당하는 보육교사는 먹이고 재우는 일, 기본 생활습관을 형성시켜 주는 일, 해당 연령에 필요한 지식과 태도를 갖추도록 지도하는 일 등 부모와 같은 역할을 하게 된다. 함께 보내는 시간이 많은 보육교사의 개인적 취향을 그대로 모방하는 사례도 많다. 시선의 처리, 음식을 섭취하는 방법, 교사의 억양 등을 그대로 따라 하는 영유아들을 볼 수 있다.

많은 시간을 어린이집에서 보내는 영유아에게 기본을 형성시켜 줄 때 각 가정의 가치, 문화, 희망사항과 차이가 생길 수 있다. 상반기 상담에서 각 가정의 특성이나 어린이집에 바라는 사항을 질문하여 파악해 놓는 것이 좋다. 부모의 요구를 반영하고자 할 때, 서로 상반되거나 실천하기 어려운 경우도 있다. 어떠한 상황에도 보육교사는 자신이 공부했던 이론과 실제의 전문성을 검토하여 '영유아에게 최선'을 선택하고 실행하겠다는 윤리의식이 필요하다.

여러 가지 문제에서 부모와 의견이 일치하지 않을 경우 윤리강령을 참고하여 바람직한 판단을 내려야 한다. 윤리강령은 여러 가지 딜레마에 대한 해결을 위해 그 철학적인 방향을 제공하는 것으로, 교사가 방향을 잡는 데 많은 도움을 준다.

5) 사회적 가치에 따른 직업윤리

보육교사는 어린이집 내에서 자신의 업무를 수행할 때 필요한 개인의 가치관, 소속 어린이집이 추구하는 인간상, 부모의 희망사항 등을 고려하여 영유아를 지도한다. 이와 함께 자신이 보육교사로 일하는 시대가 중요시하는 사회적 가치도 파악해야 한다. 지역사회 연계 프로그램을 진행할 때 지역사회 내에서 제공 가능한 영유아 관련 서비스를 이해하며 국가의 정책이나 환경도 의식한다.

국가나 지역사회가 제공하는 영유아 대상 정보나 기술의 습득에 소홀하지 않으며 필요한 경우 부모에게 전달하고 함께 양육하려고 노력해야 한다. 국가나 지역사회가 영유아를 위한 프로그램이나 정책을 기획할 때 영유아에게 최선이 무엇인지 함께 고민하고 의견을 개진하며 참여하고자 하는 윤리의식도 필요하다.

2 보육교직원 윤리강령

보육교사에게는 자신의 직업에서의 윤리가 강조된다. 교사는 자신의 인격과 모델링을 통해 영유아들을 보육하고 인성의 기본을 형성시켜 주는 직업이기 때문이다. 영유아들을 보호하고 가르치는 '보육'이라는 업무 자체가 윤리적 활동이다. 「영유아보육법」 제2조에서는 보육의 개념을 "영유아를 건강하고 안전하게 보호·양육하고 영유아의 발달 특성에 맞는 교육을 제공하는 것"이라고 정의하고 있다. 보육 업무에는 영유아의 보육과 함께 건강관리 및 보호자와의 상담, 어린이집 관리 운영 등이 포함된다. 다양한 역할을 수행하는 보육교사에게는 직업상의 윤리, 즉 스스로 실천하고 지켜야 하는 규범이 있다.

윤리는 법이나 지침과 달리 비공식적인 규범이다. 윤리강령은 강제성을 가진 것이 아니라 구성원의 자발적인 실천 의지를 촉구하는 것으로, 구성원들이 윤리강령을 준수할 것이라는 실천의지를 대내외적으로 공표하는 것이다. 개인의 양심에 맡겨지는, 자율적이고 능동적으로 실천하려고 노력하는 교사의 모든 행위와 관련이 있다. 어린이집에는

'어린이집 원장·교사 윤리강령'이 있다.

어린이집 원장·교사를 위한 보육교직원의 윤리강령[15]은 윤리선언과 함께 영유아, 가정, 동료, 사회에 대한 윤리를 제시한다. 제정 의의와 취지를 다음과 같이 설명하였다.

[제정의 의의와 취지]

보육은 영유아를 건강하게 양육하고 안전하게 보호하며 발달특성에 적합한 교육을 제공하는 복지서비스이고, 보육인은 사랑과 존중과 전문지식을 바탕으로 영유아의 전인적 성장에 영향을 미치는 전문 직업인이다. 그러므로 보육인은 윤리적 의식과 태도를 가지고 사회적 본분에 임해야 한다.
이에 어린이집 원장과 보육교사는 스스로 책무성을 발현하여 윤리강령을 제정함을 밝힌다. 본 강령을 직무수행의 규준으로 삼아 보육 현장에서 발생하는 윤리적 갈등을 해결하고 생존권, 보호권, 발달권, 참여권 등 영유아의 권리를 보장함으로써 직무상의 윤리적 책임을 다하여 전문직업인으로서의 위상을 공고히 하고자 한다. 더불어 영유아와 그 가정, 동료와 사회의 존엄성을 존중하는 보육의 실천으로 다각적인 신뢰를 구축하고 영유아의 잠재력을 최대한 발휘시킴으로써 영유아가 긍정적인 자아개념을 형성하고 유능한 사회인으로 성장할 수 있도록 도와 궁극적으로는 영유아와 그 가정, 동료와 사회의 통합적·이상적 복지 실현에 기여하고자 한다.

[윤리선언]

나는 영유아의 건강한 성장과 발달을 지원하는 보육교사로서 직무상의 윤리적 책임을 다하여 다음 사항들을 지킬 것을 다짐합니다.

1. 나는 내가 영유아에게 지대한 영향을 미치는 존재임을 잊지 않으며 항상 스스로의 말과 행동에 신중을 기한다.
2. 나는 영유아의 인격과 권리를 존중하며 어떠한 경우도 영유아에게 해가 되는 일을 하지 않는다.
3. 나는 영유아 가정의 다양성을 이해하고 존중하며 상호 신뢰하는 동반자적 관계를 유지한다.
4. 나는 동료를 존중하고 지지하며 서로 협력하고 최상의 보육서비스를 제공하기 위해 노력한다.
5. 나는 보육의 사회적 책임과 역할을 인식하고 영유아의 권익과 복지를 위한 활동에 앞장선다.
6. 나는 「어린이집 원장·교사 윤리 강령」을 직무 수행의 도덕적 규준으로 삼아 진심을 다하여 충실히 이행한다.

출처: 한국보육시연합회(2010). 보육시설장·교사 윤리강령개발연구.

15) 윤리강령은 한국보육시설연합회가 2010년 제정하여 발간한 내용을 발췌하여 소개한다.

어린이집 원장과 교사는 스스로 실천하기를 기대하는 윤리강령에 따라 윤리적 소명을 다하기 위하여 노력하고 있다. 윤리강령은 여러 가지 딜레마에 직면했을 때, 공정하고 바른 처신을 위해 판단을 내려야 할 때 도움이 된다. 윤리강령은 윤리선언문과 함께 보육교직원을 위한 큰 행사에서 낭독하거나 어린이집의 교사 공간에 게시한다.

각 장에서 제시하고 있는 네 가지 윤리의 내용은 다음과 같다.

1) 영유아에 대한 윤리

1. 영유아에게 고른 영양과 충분한 휴식을 제공하여 몸과 마음이 건강한 사람으로 자라도록 돕는다.
2. 성별, 지역, 종교, 인종, 장애 등 어떠한 이유에도 영유아를 차별하지 않고 공평한 기회를 제공한다.
3. 영유아는 다치기 쉬운 존재임을 인식하여 항상 안전하게 보호한다.
4. 영유아에 대한 정서적·언어적·신체적 학대를 행하지 않는다.
5. 어린이집 내외에서 영유아 학대와 방임을 민감하게 관찰하며 필요한 경우 관련 기관(아동보호전문기관 등)에 보고하고 조치를 취한다.
6. 영유아의 인격을 존중하고 개인의 잠재력과 개성을 인정한다.
7. 개별적 상호작용 속에서 영유아의 요구를 수용하기 위해 노력한다.
8. 영유아의 사회·정서·인지·신체 발달을 통합적으로 지원하는 보육 프로그램을 실시한다.
9. 특별한 도움을 필요로 하는 경우 전문가와 협력하여 영유아의 입장에서 최선의 대안을 찾는다.
10. 보육활동의 계획·실행·평가하는 모든 과정에 영유아의 흥미와 의사를 반영한다.
11. 영유아의 개인적 기록과 정보에 대해 비밀을 보장한다.

2) 가정에 대한 윤리

1. 상호 신뢰를 바탕으로 영유아의 가정과 동반자적 관계를 유지한다.
2. 각 가정의 양육가치와 의사결정을 존중한다.
3. 경제적 수준, 가족 형태, 지역, 문화, 관습, 종교, 언어 등 어떠한 것에 의해서도 영유아의 가정을 차별 대우하지 않는다.
4. 보육활동 및 발달 상황에 관한 정보를 정확하게 알고 영유아에 대한 가정의 이해를 돕는다.
5. 어린이집 운영 전반에 관한 정보를 공개하여 영유아 가정의 알 권리에 임한다.
6. 보육 프로그램과 주요 의사결정에 영유아의 가정이 참여하도록 안내한다.
7. 필요한 사회적 지원, 전문 서비스 등 관련 정보를 제공하여 영유아 가정의 복리 증진을 돕는다.
8. 영유아 가정의 사생활을 보호하고 익명성을 보장한다.

3) 동료에 대한 윤리

〈어린이집 원장〉

1. 최상의 보육서비스 제공에 필요한 인적·물적 환경의 조성 및 유지를 위해 노력한다.
2. 보육교사를 신뢰하고 존중하며 전문성과 자율성을 인정한다.
3. 성별, 학연, 지연, 인종, 종교 등에 따라 보육교사를 차별하지 않는다.
4. 업무 관련 의사결정이 필요한 경우, 보육교사의 의견 개진 기회를 보장한다.
5. 보육교사에게 지속적 재교육 등 전문적 역량 제고의 기회를 부여한다.
6. 보육교사에게 적정 수준의 보상(보험, 급여 등)을 안정적으로 제공하며 복지 증진에 힘쓴다.
7. 보육교사 개인의 기록과 정보에 대한 비밀을 보장한다.

〈보육교사〉

1. 존중과 신뢰를 바탕으로 협력하며 서로의 전문성과 자율성을 인정한다.
2. 상호 간 역량계발과 복지 증진에 부합하는 근무환경이 되도록 힘쓴다.
3. 어린이집 원장 및 동료와 영유아 보육에 대한 신념을 공유한다.
4. 보육교사로서의 전문성 향상을 위해 스스로 노력한다.
5. 어린이집 내에서 영유아 및 보육교사의 인권과 복지를 위협하는 비윤리적 사태가 발생한 경우 법률 규정이나 윤리기준(한국보육시설연합회 윤리강령위원회 참조)에 따라 조치를 취한다.

4) 사회에 대한 윤리

1. 공보육에 대한 책임을 인식하고 항상 질 좋은 보육서비스를 제공한다.
2. 영유아의 안전을 위협하는 환경이나 정책이 발견될 시 관계 기관과 협의하여 개선한다.
3. 공적 책임이 있는 어린이집으로서 재정의 투명성을 유지하고 부정한 방법으로 사적 이익을 취하지 않는다.
4. 영유아의 권익 보호를 위해 관련 정책 결정 및 법률 제정에 적극적으로 참여하며 사회적으로 이를 널리 알리는 데 앞장선다.
5. 지역사회 실정에 맞는 어린이집의 책임과 역할을 인지하고 실천하고자 노력한다.

출처: 한국보육시연합회(2010). 보육시설장·교사 윤리강령개발연구.

3 보육교사의 직무만족도

보육교사로 생활하는 가운데 어린이집 안에서 자신에게 주어진 직무에 만족하기도, 불만을 느끼기도 한다. 교사로서 꿈꾸는 자신의 욕구를 충족시키는 정도, 즉 직무를 통해서 얻는 긍정적 기분 상태의 정도를 직무만족도라고 할 때 직무만족도는 일하는 조직의 구조와 함께 여러 요인의 영향을 받는다.

직무 만족이 중요한 이유는 삶의 질과 관련되기 때문이다. 보육교사에 대한 정책적 지원과 교육환경, 즉 근무조건, 업무의 부담 및 부모나 지역사회의 기대나 요구 등의 정도에 따라 직무에 대한 만족의 정도가 만들어진다. 직무에 심한 부담감을 가지게 될 경우 보육활동에 대한 사기가 저하될 뿐만 아니라 자신에 관해서도 부정적인 관점을 갖게 된다. 교사의 삶과 관련된 요인이 적합한 수준에서 유지되고 제공되어야 한다. 교사가 직무에 대한 만족감을 갖고 자기 일에 대한 보람을 느끼면서 더 많은 발전을 위해 노력할 때 교육의 질적 향상도 기대할 수 있을 것이다.

김혜경(2011)은 업무를 분담시키고 관리를 하는 과정에서 나타나는 원장의 태도와 교사의 수용 태도가 조직풍토를 만들고 직무만족도를 좌우한다고 말한다. 윤순옥(2010)은 직무만족의 요인을 두 가지로 설명한다. 외재적 요인으로는 보상, 업무 분담, 동료애가 있고, 내재적 요인으로는 발전성, 혁신성, 자율성, 교직의식이 있다.

교사의 직무만족도가 저하되면 교육에 대한 사기가 저하할 뿐만이 아니라 스스로 스트레스를 유발하므로 직무에 대한 만족감과 보람을 느끼며 생활의 질을 높이는 노력을 해야 한다. 직무만족도에 영향을 미치는 요인을 네 가지로 정리하였다.

1) 직장 내 인간관계

교사들이 직장 내에서 격려와 지지를 받고 즐겁게 업무에 임하게 하는 존재는 원장과 동료 교사들이다. 교육의 질은 교사에게 달려 있고, 교사의 질은 원장에게 달려 있다는 말이 있는 만큼 기관 내에서 원장의 능력과 역할은 교사들에게 결정적인 영향을 미친다. 교사들의 성장에 대한 원장의 관심과 지지 능력, 제공하는 훈련의 종류 등은 직무에 대한 교사의 태도를 결정짓는다고 해도 과언이 아니다. 동료 교사들과 밀접한 신뢰 관계를 형성할 때 직무만족도가 높아진다.

대부분의 어린이집은 규모가 작고 보조 인력이 여의치 않다. 교직원 모두가 함께 공간을 관리하고 행정업무를 분담하기 때문에 긍정적인 태도로 동참하고 협조하는 특성이 있다. 자신이 맡은 학급의 담임교사로서의 업무뿐만이 아니라 공동 업무 중의 일부가 주어지므로 각각의 역할에 소홀할 때 다른 동료에게 피해를 주는 사례가 발생한다. 즉, 자료실의 관리를 소홀히 하는 교사와 함께 생활하면 수업에 필요한 자료의 확보에 어려움이 있고, 관찰일지를 해당 날짜에 작성하지 않은 교사와 함께 생활하는 동료 교사는 같은 학급의 담임교사로서 공동의 책임을 떠맡게 된다.

사소한 부주의와 미숙한 일 처리로 불화가 생기지 않도록 업무를 철저히 익히고 관리한다. 모든 교사가 프로그램의 목적에 동의하고, 교사 간의 응집력이 높고, 긍정적인 조직 풍토를 가진 기관은 정책, 절차, 책임이 명확하게 정의되고, 승진 및 포상의 기회가 공정하며, 의사결정 과정에서 교직원들에게 자율성이 부여된다. 자율적인 풍토는 교직원들의 자신에 대한 기대와 가치를 긍정적으로 이끌어 준다.

2) 업무의 특성

보육교사 개개인에게 주어진 업무의 양과 질이 직무만족도에 영향을 미친다. 주어진 업무가 즐겁고 교사 자신의 요구가 충족된다고 느낄 때 질적인 측면의 만족도가 높아진다. 교사가 수행하는 업무의 양과 소요 시간도 스트레스 정도와 직무만족도를 좌우한다.

어린이집의 업무분장은 보육교사의 연령, 학력, 경력, 사무 능력, 인간관계 등을 고려하여 분담하고 책임소재가 명확해야 한다. 기획력과 리더십이 요구되는 업무는 경력교사에게 배정되는 것이 좋고, 수업 자료의 보유실태를 파악을 돕는 자료실 관리는 신입교사가 맡는 것이 좋다. 상조회 업무와 같은 인간적인 유대와 권위가 필요한 일은 연장자에게 배정되는 것이 좋고, 보조교사, 조리원, 차량기사, 도우미와 같은 직종의 업무를 맡은 사람에게도 인간적으로 배려하여 소외감을 느끼지 않게 한다.

보육교사의 가장 중요한 업무는 수업과 관련된 일이지만 영유아들이 오랜 시간 생활하는 공간이므로 청결 관리도 중요하다. 학급 관리, 청결 관리, 자신에게 분장된 행정업무 등에 대한 시간을 효율적으로 안배하고 관리하지 못하면 늘 업무의 양과 시간에 쫓기며 스트레스를 받는 직장생활을 하게 된다. 주어진 업무를 어느 시간대에 어떤 절차로 해내는 것이 바람직한지 업무계획을 잘 세워서 더 수월하게 진행되도록 한다.

3) 근무환경

감당하기 힘든 영유아의 수, 학부모와의 긴장, 견디기 힘든 소음, 동료와의 불편한 관계, 사생활을 무시당하며 일하는 풍토, 발전 가능성이 없는 근무환경, 원장과의 의사소통 부족 등의 요인이 보육교사의 직무만족도를 저하시키며 이직을 생각하게 한다. 어린이집의 근무환경에서 직무만족도를 높이는 방법은 교사 대 영유아 비율 줄이기, 적당한 휴식 공간과 시간의 확보, 기관 내 인간관계 개선을 위한 방법 모색, 자체 연수나 자기 장학을 통한 발전 가능성 제공 등이 있다.

4) 보수와 승진의 기회

직업인에게 보수는 직무만족과 능률에 결정적인 영향을 미치는 요소로 인식된다. 개인의 직업 선택에 있어서 중요한 조건이고, 자신에 대한 상징적인 가치로 작용한다. 승진 역시 이미 수행한 업무에 대한 인정과 미래에 대한 안정감을 제공하는 상징이다.

한국고용정보원(2009)에서 제공하는 보육교사에 관한 정보와 전망은 다음과 같다.

- 승진 및 경력개발: 승급체계는 자격을 기준으로 3급 보육교사에서 2급 보육교사, 1급 보육교사로 이루어진다고 할 수 있으며, 경력을 쌓아 원장의 위치에 오를 수 있다.

어린이집 내에서의 승진은 경력에 따른 임금 인상의 형태를 취한다.

- 직업전망: 2002년을 전후로 정부의 보육정책이 양적 확충에만 치중되었다는 문제가 지적되었고 저출산으로 인한 영유아 수 감소에 따라 정부는 어린이집의 질적 수준을 높이는 데 커다란 노력을 기울이고 있다. 이로 인해 과거처럼 어린이집의 급격한 증가로 인한 보육교사의 일자리 창출보다는 교사 대 아동 비율의 하향 조정에 따른 일자리 창출이 예상된다.

4 정서노동과 회복탄력성

1) 정서노동(emotional labor)

정서노동이란 개인의 정서를 직업 또는 조직의 규칙에 맞게 관리하는 것을 의미하며 정서작업 혹은 정서 관리라는 용어로 사용되기도 한다. 일부의 책에서는 감정노동이라고 표현한다. 정서노동은 소속된 기관에서 다른 정서를 표현하는 것으로, 의도적으로 적절한 정서를 느끼고 표현해 보는 시도까지 포함하는 포괄적인 행위이다. 정서노동 직업의 특성을 보면 일대일 상호작용으로 관계를 형성하며 자신의 정서적 행동으로 상대방의 정서에 기여할 수 있다.

보육교사는 수치로 평가받거나 실적을 남기거나 단순 업무를 해내는 직종이 아니다. 학생들의 성적으로 평가받는 학교기관의 교사와도 성격이 다르다. 교육뿐만 아니라 돌봄의 역할이 높은 비중으로 주어지면서 많은 정서노동을 요구받고 있다. 영유아들을 가르치는 행위와 돌봄의 행위는 교수학습 과정에서 동기를 유발하고 흥미를 지속시키면서 놀이에 몰입하도록 도움을 준다.

교사와 영유아의 좋은 상호관계는 정서적 이해와 안정감을 위해 필수적이며 교사 스스로의 만족에도 도움을 준다. 교사는 학급 내에서의 역할뿐만이 아니라 영유아의 부모를 만나야 하고 동료들과 조화롭게 지내야 하며 원장이나 경력교사들 같은 상사와의 관계도 맺어야 한다. 보육교사는 복잡한 인간관계 속에서 자신이 느낀 실제 정서를 조절하여 억제하고 바람직한 방법으로 표현하는 정서노동이 심한 특성을 가지는 직업이다.

(1) 정서노동의 유형

정서노동의 유형은 크게 표면행위, 내면행위, 자연행위로 구분된다.

❶ 표면행위(surface acting)

언어적·비언어적 표현행위를 통해 조직의 표현 규범에 순응하는 것으로 신경증이 예측의 가장 중요한 성격요인이 된다. 개인이 느낀 실제적 정서를 억제하거나 소속된 기관에서 기대하는 외현적 정서를 가장하여 표현하므로 실제적 – 외현적 불일치로 직무 스트레스를 일으키는 원인이 된다.

❷ 내면행위(deep acting)

표현하고자 하는 행위를 억제하거나 적극적으로 유도하여 실제로 느끼지 않은 감정을 진심으로 경험하기 위해 노력하는 것으로 호감성이 예측의 가장 중요한 요인이 된다. 내면행위를 많이 할수록 정서지능이 높을 수 있다. 상황에 맞게 적합한 정서를 조절하여 표현하므로 실제적 – 외현적 정서가 동일시되고 효과적으로 표현했다는 성취감 때문에 직무만족도를 높이기도 한다.

❸ 자연행위(natural acting)

자신이 느끼는 감정을 그대로 상대방에게 표현하는 것으로, 표면행위나 내면행위와 구분이 모호하기 때문에 정서노동 전략에서 제외하기도 한다. 정서적 노력 없이 최소한의 변화과정만을 거쳐서 외현적 정서로 표현한다. 실제적 – 외현적 정서가 거의 일치하여 직무만족도에 긍정적인 영향을 미치기도 한다.

(2) 심리적 소진과 희망

정서노동에 대한 부정적 결론은 심리적 소진이며, 긍정적 노력은 희망을 갖는 것이다.

❶ 심리적 소진(burn out)

주어진 직무에서 육체, 정신, 태도의 탈진을 느끼는 현상으로 능력 이상의 지나친 정서적 요구로 인해 고갈되어 버린 심리적 상태를 말한다. 교사와 같은 인적 서비스직에서 나타나는 현상으로 냉소, 저하된 효능감, 직무불만족, 나쁜 건강상태로 이어진다. 열심히 생활하던 교사가 어느 날 갑자기 무기력을 호소하며 무너지는 현상이다.

번아웃의 5단계는 다음과 같다. 삶의 에너지가 벌겋게 타오르는 '이상주의적 열심의 단계' → 흥분되었던 삶의 에너지가 정상적인 상태로 돌아오는 '현실적 실용주의 단계' → 패기가 사라지고 자신의 한계가 명확하게 보이는 '권태와 상실감의 단계' → 무언가를 새롭게 시작하기에는 너무 지쳐 있고 사소한 일에도 피해의식이 발동하는 '좌절과 우울의 단계' → 더 이상 희망이 없고 무감각한 삶에서 아무런 의미도 찾지 못하는 '번아웃의 마지막 단계'로 진행되며, 정상적인 생활이 힘들어진다.

❷ 희망(hope)

어떤 요구나 문제에 대한 해결책이 있다는 신념에 기반을 두는 감정과 사고의 집합체를 의미한다. 그러한 사고에는 원하는 목표를 위해 다양한 경로를 찾는 경로사고(pathway thought)와 경로를 사용할 수 있다는 자신의 능력에 대한 지각인 주도사고(agency thought)가 있다.

모든 보육교사가 스트레스로 인해 생긴 부정적인 정서를 견디지 못하고 소진상태에 이르거나 어린이집이라는 직장을 떠나는 것은 아니다. 전국의 육아종합지원센터에서는 보육교직원의 직무 스트레스와 감정 보호를 위한 정보를 제공하여 보육교사를 돕고 있다.

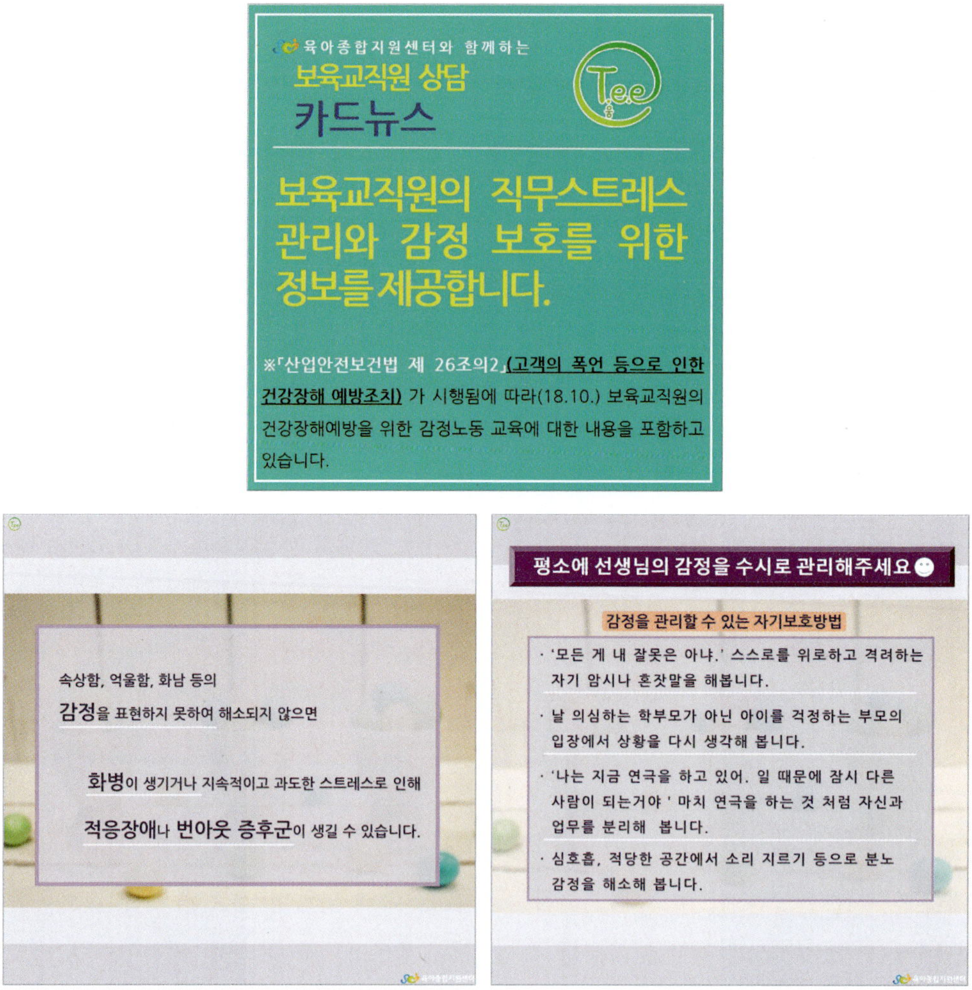

출처: 중앙육아종합지원센터(2019. 5. 16.). 카드뉴스.

많은 교사는 높은 스트레스 상황에도 불구하고 평정을 되찾아가며 생활을 유지한다. 보육교사가 적성에 맞다고 생각하는 사람들은 영유아의 밝은 모습에서 위로를 받고 재충전한다.

다양한 보육활동에서 교사에게 보람을 느끼게 하는 영유아들

동일한 상황으로 스트레스가 주어질지라도 사람의 인성이나 노력에 따라 스트레스 상황을 벗어나는 데 차이가 있다. 소진상태에서 헤어나지 못하여 재적응이 안 되는 교사도 있지만, 스트레스를 벗어나려는 다양한 경로를 찾아 주도적으로 해결하며 희망을 버리지 않고 긍정적으로 생활하는 교사도 있다. 이런 차이의 발생 원인이 무엇인지 설명하는 개념이 '회복탄력성'이다.

2) 회복탄력성(resilience)

보육교사는 수업, 부모 관리, 행사 준비, 학급 운영, 기타 문서업무 등 과다한 업무로 인해 스트레스를 많이 받는 직업이며, 직무 스트레스 소진으로 높은 이직률을 보인다. 그러나 교직 생활의 다양한 스트레스에도 모든 교사가 소진하여 이직하거나 교직을 떠나지 않는다. 그 이유는 크고 작은 역경과 어려운 상황에서 그들이 가진 회복탄력성을 발휘하여 스트레스를 극복하고 재적응하기 때문이다.

회복탄력성은 개인이 가진 능력의 하나로 스트레스나 역경을 극복하고 성공적으로 적응하는 긍정적인 힘을 의미한다. 회복탄력성은 일상의 작은 스트레스에 반응하여 교사로서의 업무수행을 돕고 유지하는 작용을 한다. 회복탄력성이 높은 사람은 자신의 실수에 따른 주의 통제와 감정 조절을 효과적으로 수행하며, 회복탄력성이 낮은 사람은 작은 실수에도 우울감을 보이고 더 큰 스트레스를 받아 극복이 어려운 것으로 나타났다. 회복탄력성이 잘 발휘되는 교사는 영유아에게 안정된 환경을 제공하고 지지적인 관계를 맺는다. 따라서 이러한 교사와 생활한 영유아 역시 바람직한 관계 맺기의 모델을 보고 자라게 되면서 회복탄력성이 높은 사람으로 성장할 가능성이 클 것이다.

(1) 하위요인

회복탄력성의 하위 요인은 다음과 같이 정리된다.

❶ 개인적 능력

• 정서 조절력

압박과 스트레스 상황 속에서도 자신의 정서를 조절하는 능력을 말한다. 교사 자신의 감정과 영유아들의 감정을 잘 조절하고 이해하기 때문에 정서지능이 높으며 직무만족도도 높을 것이다.

• 자기 효능감

자신을 유능하고 효능감 있는 사람이라고 생각하는 것을 말한다. 가르치고 보호하는 일에 자신감이 있기 때문에 영유아를 잘 이해하고 적극적으로 대한다. 영유아에게도 많은 자율성을 부여할 것이며, 긍정적인 교사 – 영유아 상호작용을 보인다.

❷ 목적 지향 능력

• 충동 통제력

목표 달성을 위해 일시적인 충동이나 즉각적인 만족을 주는 행동을 자제하고 인내하는 능력을 말한다. 교육적 목표를 향해 매진하는 가운데 현재의 어려움을 참아낼 수 있을 것이다.

• 낙관성

미래에 좋은 일이 일어날 것을 기대하고 자신이 겪은 실패를 일시적인 것으로 여겨 역경을 극복할 수 있다고 믿는 긍정적 사고를 말한다. 실수를 두려워하지 않고 늘 긍정적인 시도를 하게 되면 영유아들을 위한 교수의 질적 수준이 높아질 것이고 교실의 분위기도 활기차다.

• 적극적 도전성

익숙한 일상에 안주하지 않고, 자신의 한계를 넘어서는 새로운 것을 두려워하지 않는다. 새로운 환경이나 교수법을 두려워하지 않고 시도하며, 수업의 질을 높이기 위해 효과적인 방법을 강구하거나 연구에 참여한다.

❸ 사회적 능력

• 원인 분석력

갈등이나 문제를 바르게 해결할 수 있도록 원인을 정확히 진단해 내는 능력을 말한다. 가르치는 과정에서 반응과 결과를 분석함으로써 더욱더 발전된 일과 운영이 가능해진다. 자신을 위한 반성적 사고는 교사로서의 성장과 발전을 돕는다.

• 공감 능력

타인의 감정이나 심리상태, 내적 경험을 이해하고 느낄 수 있는 능력을 말한다. 영유아나 부모, 동료 교사들과 긍정적인 관계를 맺고 온정적인 상호작용으로 영유아의 발달과 안정적 적응에 공헌한다.

(2) 긍정적 사례

직무 스트레스는 교사－유아 관계, 교사－부모 관계, 원내의 동료관계에 부정적인 영향을 미치고 교육과 보육의 질을 떨어뜨린다. 좀 더 유능한 교사가 되고자 하는 교사에게 회복탄력성은 반드시 잘 발휘되어야 하는 능력이며, 업무수행, 신체 건강, 정신 건강, 관계의 질에 영향을 미치는 행복과 성공의 기초 요소이다. 회복탄력성은 일부의 사람에게만 존재하는 특별한 능력이 아니다. 긍정적으로 생각하고, 웃고, 희망하고 삶에 의미를 부여하고, 적극적으로 행동하고, 도움을 요청하고, 다른 사람과의 관계를 맺는 특성이다. 타고나는 것이 아니라 변화와 도전적인 환경에서 긍정적인 적응과 개인적인 발달을 포함하는 역동적인 개념이다. 개인과 환경의 역동적인 상호작용을 통해 발달과정에서 점진적으로 형성되고 변화 가능하므로 모델링이나 교육 등을 통해 길러질 수 있다. 변화하는 환경에 적응하고 그 환경을 자신에게 유리한 방향으로 이용하는 능력이다.

양광모는 '푸른 고래를 찾아서'라는 자신의 사이트에서 회복탄력성은 사람마다 다르지만, 체계적인 훈련과 노력에 의해 키울 수 있다고 말한다. 회복탄력성이 높은 사람의 특징을 설명하기 위해 두 사람을 사례로 들고 있다. 서울대학교 이상묵 교수는 45세에 차량전복 사고로 전신마비가 되고도 6개월 만에 일상에 복귀했다. 『해리 포터』[16] 작가인 조앤 롤링 역시 절박한 싱글맘의 역경을 딛고 부와 명성을 얻었다. 이들은 자신의 고난과 역경에 대해 긍정적인 의미를 부여한다. 영유아기 좋은 성인의 역할이 미친 영향을 설명

---

16) 영국의 작가 롤링(Rowling, J. K.)이 1997년부터 발표한 판타지 소설 시리즈. 제1권인 『해리포터와 마법사의 돌』로 시작하여, 2007년 제7권인 『해리포터와 죽음의 성물』을 끝으로 완결되었다. 전 세계에 수억 부가 팔렸으며, 영화로도 제작되었다.

하기 위해 사례로 든 하와이 카우아이섬의 실험(1955)도 주목할 만하다. 그해 이곳에서 태어난 신생아 833명을 성인이 될 때까지 추적해 봤더니 성공적인 삶을 살아가는 사람의 비결은 인간관계였다. 주변의 누군가로부터 헌신적인 사랑과 신뢰를 받고 자란 사람은 회복탄력성이 높았다. 보육교사에게 많은 시사점을 주는 연구이다.

(3) 회복탄력성의 요소

이 밖에도 여러 연구와 실험을 통해 확인되는 회복탄력성의 3대 요소는 자기조절 능력, 대인관계 능력, 긍정적 정서이다. 회복탄력성이 높은 사람은 실수를 두려워하지 않으며 자기 실수에 대해 스스로 민감하게 알아차린다. 뇌의 회복탄력성을 높이기 위해서는 긍정적 사고의 훈련이 필요하다. 예상치 못한 작은 선물을 받았다든지, 5분간 코미디 방송 프로그램을 시청했다든지, 감사한 일에 대해 생각했다든지 하는 아주 작은 것이라도 긍정적 정서는 인지 능력을 눈에 띄게 향상시킨다. 자신의 약점에 연연하기보다 강점을 발견해 집중하는 것도 회복탄력성을 올리는 첩경이다.

대인관계 능력에 있어서는 상대의 호감을 끌어내는 대화의 요령, 즉 소통의 기술과 공감의 원리를 알아야 한다. 좋은 인간관계를 유지하려면 상대에 대한 관심이 결정적이다. 영유아와의 바른 소통과 공감을 위해 발달특성에 대한 이해와 의사소통 능력이 필수이다. 동료와의 관계, 부모와의 관계 등 어린이집에서 만나는 많은 사람과 소통할 때 그들의 특성과 입장을 이해하려고 노력한다.

저자의 경험에 비추어 보면 영유아나 성인과의 대화에서 다음의 네 가지 원칙을 지키면 따뜻하고 온정적인 분위기에서 상호작용이 가능하다고 본다. 네 가지 원칙의 앞 글자를 묶어서 '개, 인, 발, 전!'으로 암기하고 실천해 보기를 바란다.

- 개별적으로 관심 가져주기
- 인정하기
- 발달에 적합하게 대하기
- 전인적 발달을 촉진하는 대화하기

Chapter 12
교사의 발달단계와 생활양식

1 교사의 발달단계와 과업

보육교사가 자신의 역할을 잘 수행하기 위해 필수적으로 갖춰야 할 지식은 담당 학급 영유아의 발달을 이해하는 것이다. 발달(development)이란 점진적으로 진보해 가는 과정을 의미한다. 영유아발달의 이해뿐만 아니라 교사라는 직업의 위치에서 자신의 발달단계를 이해해야 한다.

교사 발달단계는 교직경력, 연령이나 일생 주기 등에 따라 단순하고 차례로 발달한다는 견해와 교직경력이나 연령과는 관계없이 교사 개인 및 조직의 환경 특성에 영향을 받아 개인마다 나름의 발달과정을 이루어 간다는 복잡하고 역동적인 견해로 구분할 수 있다.

교사 자신의 현재 능력을 알고 미래의 능력을 준비하기 위해 지속적인 학습자로서 자신을 돌아보는 과정이 필요하다. 어린이집의 각 교사가 자신의 능력이나 관심사 등을 파악하여 적합한 업무를 담당하였을 때 효율성을 기대할 수 있고 초임교사와 경력교사가 서로를 지원하고 격려하는 분위기가 조성된다.

Katz는 교사의 전문성이 일반적으로 생존기, 강화기, 갱신기, 성숙기의 네 단계를 걸쳐서 발달한다고 본다. 이러한 단계는 국내의 교사 발달단계 연구의 이론적 근거로 사용되고 있다.

1) 생존기(survival stage, 1~3년 차)

교사로서 부임한 첫해에 해당한다. 하루하루 일과를 살아 내기에도 벅차서 자신이 교사로서 살아남을 수 있을지가 주된 관심사이자 고민이다. 이 단계에 해당하는 교사는 부모와의 만남은 말할 것도 없고, 교사로서의 의무감으로 불안을 느낀다. 물론 교사로서 성공하기를 원하지만, 실제 교실에서 느끼는 어려움으로 인해 교사로서의 무능감이 커진다. 교사는 교실 현장에서 즉각적으로 활용할 수 있는 다양한 수업전략과 기술을 알아야 하고, 영유아의 행동에 대한 원인을 진단하여 지도하는 능력이 있어야 한다.

이 시기의 특성과 과업은 다음과 같이 요약된다.

- 간신히 하루를 보내는 시기로 이해하기
- 담당 학급 연령의 발달특성 이해하기
- 영유아 간 갈등 상황 지도하는 방법에 관해 조언 구하기
- 기관의 자료 관리실 실태 파악하기
- 부모와의 만남에 자신감 갖기
- 교사다운 용모 및 화술 살피기
- 경력교사의 관심과 가르침에 순응하기
- 의논 상대인 경력교사와 사이좋게 지내기

2) 강화기(consolidation stage, 3~6년 차)

3년 정도 경력을 가진 교사가 해당된다. 이 시기의 교사는 대체로 문제행동을 보이는 영유아와 문제 상황에 관심을 갖기 시작하면서 영유아들을 개별적으로 인식하기 시작한다. 자신의 경험을 해석하고, 문제에 대한 해결점을 찾을 수 있도록 도와주는 경력교사나 원장의 도움이 필요하다. 전문가들의 도움을 받아 문제행동 지도에 필요한 지식과 기술을 강화해 간다. 이 시기의 특성과 과업은 다음과 같이 요약된다.

- 안정감 및 자신감을 갖는 시기
- 교사 자질에 확신 갖기
- 생존기의 습득 기능을 강화하기
- 교사로서의 자신의 장점 살리기
- 유능감 및 무능감 사례 분류해 보기

- 새로운 교수 방법 시도하기
- 같은 단계의 교사와 감정 교류하기
- 정상아동과 다른 개별적 문제에 대해 공부하기

3) 갱신기(renewal stage, 6~9년 차)

매일 반복되는 일상에 싫증을 느끼기 시작하고 새로운 발전에 관한 욕구가 강해지는 시기이다. 따라서 이 단계의 교사는 서로 다른 프로그램을 운영하고 있는 동료들을 만나고 유아교육 관련 전문 회의나 연구모임의 경험, 정책의 변화를 알려 주는 여러 가지 모임 등에 참여함으로써 많은 것을 배우게 된다. 다양한 분야의 새로운 자극을 접하면서 발전을 위한 노력을 기울인다. 자신의 교수 상황을 영상으로 찍어서 분석해 보고 개선점을 찾아 적용을 시도한다. 다른 교실, 다른 프로그램, 시범 프로젝트를 관찰할 기회를 통해 기존의 양식과 생활을 답습하던 교사역할을 벗어나려고 노력한다. 이 시기의 특성과 과업은 다음과 같이 요약된다.

- 새로운 것을 시도하며 외부 자극과 접촉하기
- 똑같은 일에 싫증을 느낄 때 갱신 방법 찾기
- 교사 연수 참여하기
- 선진 시설 견학하기
- 다른 프로그램 유형을 운영하는 곳 견학하기
- 외부 교육에도 자발적으로 참여하기
- 전시회 관람 같은 재충전의 기회 즐기기
- 자신의 수업을 영상으로 찍어서 분석해 보기
- 전문적인 모임에 적극적으로 참가하기
- 매너리즘에 빠지지 않도록 갱신 방법 찾기

4) 성숙기(maturity stage, 9년 차 이상)

많은 현장 경력을 통해 자신을 유능한 교사로 인정하게 되며, 현재의 위치에 대해 더 깊고 추상적인 질문을 할 수 있는 충분한 시각을 갖게 된다. 성숙기의 교사는 전문성을 신장을 위해 회의나 세미나에 강사로 참여해 보거나 학위 취득의 기회를 갖는 것도 바람직하다. 또한, 폭넓은 독서를 통해 넓고 깊은 지식을 가지며, 여러 전문 분야에서 일하고 있는 다른 수준의 교육자들과 교류해 본다. 자신의 발전뿐만 아니라 후배 교사들을 가르치고 끌어 주는 지도자의 위치에 서게 된다. 원장과 교사들의 중간 위치에서 양쪽의 업무를 지원하고 기관의 분위기가 바른 방향으로 가도록 하는 데 공헌한다. 경력이 많을수록, 호봉이 높을수록 실력과 인성도 비례하여 증진한다. 이 시기의 특성과 과업은 다음과 같이 요약된다.

- 자신감으로 자신의 철학을 정리하는 시기로 이해하기
- 자신을 유능한 교사로 인정하기
- 이타주의로 후배 교사 지도하기
- 시범 수업으로 모범 보이기
- 영유아의 학습과 성장의 특성을 개별적으로 이해하기
- 자신을 전문직으로 인정하기
- 다른 교사와 다양하게 교류하며 원장 지원하기
- 현재의 기관에서 계속 근무 여부 판단하기

2 교사 장학

자율 장학이란 단위기관 혹은 기관 간, 교원 간에 교육활동의 개선을 위해 자율적으로 수행하는 장학활동을 의미한다. 기관 내에서 다른 기관의 지도나 지시 없이 스스로 교육과정의 운영과 수업활동의 효율을 높여 수업과 운영의 질을 향상시키는 활동이다.

자율 장학의 과정을 통해 교직수행에서 발생되는 문제들을 해결할 수 있고, 원장의 운영방침을 이해하고 합의하는 계기가 되며, 기관의 경영과 관리가 개선되기도 한다. 교수학습 측면의 개선뿐만이 아니라 교사의 자질 향상에도 기여할 수 있도록 필요한 분야의 장학을 협의하고 진행한다. 장학을 준비하는 영역은 교사의 전문성 발달 영역, 교사의 개인적 발달 영역, 기관의 조직적 발달 영역 등 각 영역의 연수 및 교육이 고루 포함되도록 계획한다.

자율 장학의 기본 형태를 보면 수업 장학, 동료 장학, 자기 장학, 약식 장학, 자체연수 등이 해당된다. 기관 내 자율 장학을 통해 교사들의 발달도 증진된다.

1) 수업 장학

수업계획에 관하여 교사와 계획협의회를 갖고 수업을 관찰하며 분석하고 교사에게 관찰 결과에 대한 피드백을 함으로써 수업 개선을 도모하고자 설계된 집중적인 과정이다.

교사의 수업기술 향상을 위하여 주로 원장이 주도하는 개별적이고 체계적인 성격이 강한 지도·조언 활동으로 임상 장학, 마이크로티칭(micro teaching)과 같은 방법이 여기에 해당된다.

사례: 5세반 자율 장학 수업 공개

주제: 친구와 함께 나누는 봄의 햇살 발표회

만 5세 유아 20명과 지도교사 ○○○는 '친구와 함께 나누는 봄의 햇살 발표회'라는 주제로 만들기 모둠, 그리기 모둠, 책 만들기 모둠, 연주 모둠, 게임 만들기 모둠 등 친구와 함께할 수 있는 다양한 활동을 전개한 후 발표 활동으로 진행하였다. 수업공개 이후 긍정적인 평가를 받았고 그 내용을 보면 다음과 같다.

- 우리 동네의 기관이나 특징 등 단편적인 주제가 아닌, 핵가족화로 인해 나타나는 개인적인 성향의 유아들에게 적합한 주제의 우수한 수업
- 시설면, 수업 환경면, 수업 내용면 등 모든 것이 유아 중심으로 적절하게 이루어졌으며, 표준보육과정의 관련 요소가 수업 목표와 연계되어 자연스럽게 녹아든 수업
- 수업 설계면부터 면밀히 준비하는 과정에서 스스로 발전하는 기회가 된 수업

위 사례와 같은 수업 장학에서 평가와 토의의 초점은 다음과 같다.

[장학의 포커스]

- 적합한 주제
- 영유아 중심 설계
- 체계적인 준비과정
- 수업 환경
- 국가 수준 교육과정 관련 요소
- 교사 자신의 발전 기회 여부

원장 혹은 주임교사가 간헐적으로 짧은 시간에 학급 순시나 수업 참관을 통하여 교사들의 수업활동과 학급 경영 활동을 관찰하고 이에 대하여 교사들에게 지도와 조언을 제공하는 활동으로, 수업 장학은 수시로 이루어질 수 있다.

2) 동료 장학

교육활동의 개선을 위하여 동료 교사와 모이거나 짝을 이루어 상호 간에 수업 연구, 공개 활동의 추진이나 공동 과제 및 관심사의 협의, 연구, 추진 등을 공동으로 노력하는 과정이다. 둘 이상의 교사가 서로의 수업을 관찰하고 조언하며 전문적 관심에 관해 토의하면서 자신들의 전문적 측면의 성장을 위해 함께 연구하는 방법이다. 동료 장학의 방법은 다음과 같다.

- 찾아가기(도움 청하기)
- 지켜보기(드러내기)
- 파악하기(반성을 통해 문제 인식하기)
- 가르치기(해결 방법 찾기)
- 기회 주기(적용하기)
- 비춰 주기(적용 결과 반성하기)
- 채워 주기(보완하기)
- 확증하기(확증하거나 확증받기)

3) 자기 장학

교사의 전문성 발달을 위하여 스스로 체계적인 계획을 세우고 실천하는 활동이다. 교사 자신의 수업을 녹음, 녹화하고 이를 분석하여 자기 발전의 자료로 삼는 방법 등이 해당된다. 실제로 자신의 수업을 분석해 보는 영상에서 평소에 의식하지 못했던 습관, 즉 과도한 손짓, 머리 흔들기, 팔 받치고 손들기, '음 – 음 –'과 같은 언어습관 등을 발견하기도 한다. 자기 장학은 자신의 수업을 자발적으로 분석하고 개선점을 찾는 방식과 '1교사 1연구 파일집'과 같은 교사 관리 방법을 통해 원장이 지도하는 방식으로 이루어진다. 교사 각자가 자기 목표를 설정하고 성취하는 과정을 파일로 정리하여 제출한다.

4) 자체 연수

교육활동의 개선을 위하여 교직원들의 필요와 욕구에 대해 교내외의 인적·물적 자원을 활용하여 기관 자체에서 실시하는 연수활동을 말한다. 인적 자원을 활용하여 전문가 강의를 듣기도 하고 주변 지역사회의 자원을 이용하여 견학하거나 도움을 받는다. 최근에는 교사교육을 위한 사이버 강의가 적극적으로 제작되고 있으므로 필요한 주제를 찾아 영상 강의로 연수과정을 마련하기도 한다. 자체 연수의 방향을 잡을 때는 다음의 내용을 참고하여 체계적인 연수가 되도록 한다.

- 장단기 계획 세우기(개인 파일)
- 각종 교육연구대회 참여 권장
- 교육 연구 활동 참여 지원
- 교육 전문 서적 등 연구 자료 활용 지원
- 외부기관 연수, 연구 활동 참여 권장 및 지원
- 희망 주제의 조사

각 어린이집과 교사 개개인이 원하는 주제에 적합한 장학이 이루어질 때 효과가 크다. 자체 연수에는 다음과 같은 주제를 추천한다.

- 동기 유발 방법의 노하우(know-how)와 팁(tip)
- 학습 활동 제시 및 활동 방법의 노하우와 팁
- 학습 자료 제작에 관한 팁
- 학습 평가 방법의 노하우와 팁
- 좋은 수업을 위한 교사의 역량
- 영유아의 급간식 지도법 등
- 기본 생활습관 지도
- 교재·교구 제작

- 행정 사무업무의 방법
- 교직원 상호 간의 인간관계 갈등 해결법
- 건강한 공동체 구성 및 조직의 효율성 신장

3 생활양식과 건강관리

1) 스트레스의 유형

종일반 형태로 운영되는 어린이집에서는 교사의 업무가 과도해지면 다양한 스트레스에 시달릴 수 있다. 교사의 건강과 생활양식은 영유아에게도 영향을 미치는 중요한 요인이 될 수 있다. 교사는 자신과 영유아들을 위해 바른 생활양식에 관심을 가지고 행복한 직장생활이 되도록 노력한다.

교사들의 스트레스가 어떤 것인지 전국의 육아종합지원센터의 교사 상담실에 게시되어 있는 교사들의 상담 사례를 다음과 같이 분류해 보았다.

- 금전 문제: 급여, 처우, 퇴직금, 수당, 식대, 교사교육비
- 근무환경 문제: 대인관계, 근무 시간, 휴가 및 경조사, 출산과 육아휴직, 주말 근무, 휴일 근무, 잔업 시간, CCTV 관련, 평가인증 준비 절차
- 보육 관련 문제: 문제행동 지도법, 계획안 작성 문제, 상해 시 사고 처리 절차
- 교사교육 관련 문제: 승급교육, 보수교육, 직무교육, 대체 교사 구하기, 자격 기준, 결근 문제

상담 내용 중에 스트레스를 많이 받고 있다고 밝힌 문제는 다음과 같다.

- 부당한 대우 등의 법적 근거 혹은 해결방안
- 정책이나 근무환경, 질의응답에 대한 항의
- 본인이 궁금한 사항에 대한 여론의 수렴
- 부모의 황당한 요구
- 문제행동 지도의 어려움
- 원장이나 동료와의 갈등

2) 건강 상태

(1) 질병[17]의 유형

기관 평가와 컨설팅, 사이버 상담 등의 업무 등을 통해 만났던 많은 교사가 가장 흔하게 호소하는 증상은 디스크와 같은 근골격계 질환, 성대 질환, 소화기 질환, 갑상샘 질환 등이다.

❶ 근골격계 질환

주로 허리와 어깨, 관절에 통증을 느끼는 근골격계 질환은 어린 아기를 안거나 자주 들어 올려야 하는 영아반 교사에게 많이 나타난다. 어린이집은 교사가 직접 교실 흥미 영역의 배치를 변경하거나 가구를 옮기는 경우가 많고, 가구나 환경이 영유아를 중심으로 설계되어 성인의 신체 구조에 맞지 않아 구부정한 자세로 장시간 근무하게 된다. 틈틈이 스트레칭하여 부상을 예방하고 자세를 바르게 유지하려 노력하며, 허리나 무릎 등의 근육을 사용할 때 무리하지 않아야 한다.

---

17) disease. 유기체의 신체적 · 정신적 기능이 비정상적으로 된 상태임. 질환(illness), 병(sickness)과 구별 없이 혼용됨

❷ 성대 질환

목소리에 이상이 있는 교사를 흔히 볼 수 있는데, 영유아들이 떠들고 소음이 있는 환경에서 지속적으로 말을 해야 하는 근무 조건으로 인해 성대 이상을 호소한다. 교사의 목소리가 크면 영유아들의 목소리도 함께 커진다. 경쾌하고 밝게 말하는 것은 좋지만 성대를 해칠 정도가 되어서는 안 되며 차분한 말투로 교실의 분위기를 차분하게 끌어가야 한다.

❸ 소화기 질환

교사는 대부분 어린이집 일과에서 영유아들과 함께 점심을 먹는다. 영유아를 보살피고 배려하는 근무환경으로 인해 차분하게 식사하지 못하는 경우가 많다. 오후 당직 통합보육, 문서 관련 업무나 원 전체 업무, 회의 등으로 퇴근 시간이 늦어져 저녁 식사 또한 불규칙해지면서 악화되기도 한다. 쉬지 않고 일해야 하는 스트레스는 위장 질환이나 대장 질환에도 영향을 미친다.

❹ 그 밖의 질환

환경 구성이나 교구제작 과정에서 사용하는 글루건에 의한 화상도 있고, 청소나 교구를 세척하는 과정에서 물을 매일 사용하여 생긴 습진 등 피부 질환을 호소하는 경우도 많다. 일부에서는 업무 스트레스로 인한 우울증을 호소한다. 또한, 갑상샘 질환도 스트레스가 원인으로 알려졌다.

(2) 건강 증진의 방향

교사들의 건강문제에서 고려할 사항은 종일제 수업이 대부분인 어린이집에서는 근무 중 자리를 비우기 어렵기 때문에 병원에서 치료받기 힘들다는 점이다. 아파도 제때 치료를 받지 못하는 경우가 많으며, 증상이 심각한 경우에는 치료를 위해 일을 그만두어야 하는 사례들이 발생한다. 건강한 교사가 영유아들과 즐겁고 활기차게 생활할 수 있다. 건강관리에 만전을 기하는 일도 보육교사라는 직업을 수행하는 과정에 필요하다.

정희남과 임재택(2008)의 '유아교사의 생활양식과 건강상태에 관한 연구', 구은미(2007)의 '보육교사 건강증진을 위한 생활양식과 직무 스트레스', 김성재와 조형숙(2006)의 '유치원 교사의 건강 지각 및 건강 증진 생활양식에 관한 연구' 등의 논문을 중심으로 유아교사들의 생활양식과 건강에 대한 바른 방향을 모색해 본다.

어린이집 특성상 지도와 보살핌이 수반되는 점심과 간식 시간으로 인해 교사는 음식을 급하게 먹을 수밖에 없지만, 영유아들에게 바람직한 식생활의 모범을 보인다는 측면에서 여유 있는 마음으로 꼭꼭 씹어 섭식하려고 노력한다.

대부분의 교실에는 소음 차단이나 아늑한 환경 구성을 목적으로 카펫이나 폴리우레탄 깔개가 사용되고 있으며 주제에 따라 주기적으로 새로운 교재·교구가 교실 내에 제시된다. 종일반의 경우 길게는 10시간 동안 한 교실에서 생활하게 되므로 교실을 청결하게 관리하고 환경호르몬에 의한 피해를 줄이려고 노력해야 한다. 하루 세 번 30분 이상씩 환기하고, 오염이 심해지지 않도록 청소와 세탁에도 신경을 쓴다. 각 교실의 가구나 물품을 관리해 주는 별도의 인력이 없는 곳이 대부분이므로 담임교사를 맡고 있는 교실의 공간 관리도 교사의 책임이다.

규칙적으로 운동한다. 실외보다는 실내에서 생활하는 시간이 대부분이기 때문에 일과계획에 바깥 놀이터의 활동을 포함시키고 신체활동과 스트레칭을 통해 건강을 지키려는 노력이 필요하다.

교사들이 인지하고 있는 자신의 건강상태는 과중한 업무로 인한 스트레스와 호흡기 관련 문제가 많았다. 이 외에도 빈혈, 위장 질환, 비만, 부인과 질환, 디스크, 갑상샘 질환 등이 나타났다.

교사의 건강상태와 생활양식은 영유아들에게도 좋은 교육 내용이 되므로 일상생활 속에서 건강에 관심을 가지고 지키기 위해 노력해야 할 것이다.

4 이직 사유와 고려 사항

보육교사의 이직 사유는 직장 내 인간관계에서 살펴본 내용과 같이 다양하지만, 가장 많은 내용은 직장 내 인간관계에서의 갈등으로 조사되었다(김혜경, 2006). 특히 상사, 즉 원장이나 경력교사 등과의 관계에 많은 어려움을 겪고 있었다. 보수, 집과의 거리, 출퇴근 시간대, 물리적 환경과 같은 조건보다 더 많은 영향을 미치는 사유인 것을 볼 수 있다. 탁월한 업무 처리 능력, 솔선수범과 강한 책임감, 뜨거운 열정과 자신감, 따뜻한 마음과 배려 등 상사로서의 바람직한 덕목을 겸비한 좋은 리더와 일하는 것이 직장인 모두의 바람이지만, 현실은 그렇지 못하다. 어느 직장이나 다양한 사람이 만나 일하기 때문에 갈등이 있게 마련이고, 나 자신도 그들에게는 '다양한' 유형 중의 한 사람이 될 수 있다.

사람과의 관계를 잘 맺는 자가 직장에서도 성공한다. 보육교사의 길을 가기로 하고 어린이집 현장 생활을 시작했다면, 좋은 인간관계를 맺는 사람이 되어야 한다.

많은 사람이 직장생활을 하면서 이직을 생각한다. 직장인 10명 중 5명은 반복적 업무가 계속될 때 직장생활이 가장 부질없게 느껴진다고 생각하는 것으로 나타났다.

취업·인사 포털인 인크루트(2011. 6.)가 직장인 359명을 대상으로 직장생활이 부질없다고 느끼는 때가 언제인지 중복 답변으로 설문조사한 결과, 응답자의 53.6%가 '반복적 업무가 계속될 때'를 가장 우선으로 꼽았다. 그다음은 연봉이 적다고 느낄 때(37.6%), 업무 성과에 대한 공정한 보상이 없을 때(36.3%), 업무량이 많아 내 시간을 갖기 힘들 때(30.8%), 상사가 나의 업무를 쉽다고 생각할 때(30.5%) 등의 순이었다. 이 밖에 현재 업무가 커리어에 도움이 안 된다는 생각이 들 때(29.5%), 나는 바쁜데 상사나 동료는 한가해 보일 때(28.1%) 등의 답변도 있었다. 또한, 직장생활이 부질없게 느껴질 때 이직하고 싶어진다(65.4%)를 가장 먼저 꼽았다. 그다음으로 업무 집중도가 떨어진다(58.0%), 신경이 예민해진다(50.5%), 내 능력을 의심하게 된다(29.2%), 팀원들과 어울리지 못하고 겉돌게 된다(17.6%) 등으로 답변하였다.

대처방안에 대해서는 그냥 참고 일한다(55.9%), 이직 준비를 한다(28.8%), 자기계발이나 취미활동 등에 집중한다(35.3%), 휴가를 내는 등 휴식을 취한다(26.1%) 등으로 조사되었다.

직장이라는 사회는 업무와 사람으로 인해 어려움이 있는 곳이며, 그 어려움을 감수해야 하는 곳이다. 어린이집에서는 원만한 적응을 위해 더 많은 노력과 결연한 자세가 필요하다. 반드시 자신이 맡은 학급을 중도에 포기하지 않고 1년 동안 최선을 다해 끌어가기를 바라며, 이직을 고려한다면 다음의 질문을 스스로 해 볼 것을 권한다.

- 나는 왜 교사로 일하고 있는가?
- 현재의 기관에서 행복하지 못한 원인의 무엇인가?
- 나 자신의 미래에 유익한 일을 하고 있는가?
- 이직이 부가가치를 높이는 일인가?
- 이직이 자신의 행동을 변화시킬까?
- 다른 분야에서의 처우는 좋을까?

Chapter 13
평가

보육교사의 인성교육을 위해 집필된 이 책은 교사의 좋은 인성이 어린이집에서 발휘되는 방향에 초점을 두고 있다. 이미 기본 인성이 형성되어 있는 성인이 보육교사라는 직업을 택해 취업하였고, 인성은 학습으로만 형성되는 것이 아니기 때문이다. 현장의 보육교사들은 항상 좋은 인성을 발휘하기 위해 노력해야 한다.

보육교사 인성교육을 위해 스트레스를 줄일 수 있는 업무 간소화, 힐링 프로그램을 제공하는 국가 수준의 노력과 같은 취지로 어린이집에서도 교사가 행복하고 유능하게 살아갈 수 있는 장치를 제공해야 할 것이다. 모든 교직원이 함께 좋은 인성을 보이며 살아가기 위해서는 유능한 업무 처리, 좋은 인간관계를 통한 정서적 안정이 필수이다. 즉, 어린이집 보육교사는 업무 능력과 인성을 모두 갖춰야 한다. 보육교사를 평가하는 항목에는 업무 능력과 인성에 대한 다양한 내용이 포함된다.

1 보육교사 평가의 사례

어린이집에서는 보육교사 평가를 위해 다양한 절차와 방법을 사용하고 있다. 평가의 절차와 방법에는 면접, 관찰, 동료 교사의 평가를 받아 보기, 스스로 평가해 보기, 의사소통 과정에서 평가하기, 근무 자세와 태도로 평가하기 등이 있다. 교직원을 평가할 때 기본적인 자질, 원장의 경영관 이해 정도, 발달과 교수법 이해, 사회문화에 대한 이해, 자기계발을 위한 노력 여부 등을 살펴보는데, 다른 표현으로 정리해 보면 다음과 같다(김혜경, 2011).

평가의 기초 1	
유능감	• 경영철학을 이해하고 형성된 교사로서의 신념 및 직업윤리, 영유아를 대하는 기본 자세 등과 같은 자아발달 및 도덕성 발달 정도
과업 수행 능력	• 주어진 업무에 대한 이해 • 담당 학급 연령의 특성에 대한 전문적인 이해 • 의사소통 능력 • 수업 진행의 전문성 • 기관에 대한 공헌 정도
효율성	• 전문적인 방식의 일 처리 • 정해진 기한 내의 과업 수행 • 근면성과 성실성

평가의 기초 2	
업무 실적	• 일의 결과를 믿을 수 있는가? • 철저하게 뒤처리를 잘하는가? • 일의 성과가 뛰어난가?
근무 태도	• 스스로 동료와 협조하여 조직체의 능률 향상에 공헌하는가? • 상사에 대하여 협력하며 성과가 있는가? • 일에 능동적으로 대처하려는 의욕이 있는가? • 책임을 회피하지 않으며 성실하게 일하는가? • 넓고 깊게 연구하려고 노력하는가? • 직장 내 규칙을 잘 준수하는가? • 직장의 질서 유지에 힘쓰는가? • 지각, 조퇴, 결근 등 근무태도는 어떠한가? • 직장에서의 언행은 품위가 있는가? • 직장에서의 옷차림은 품위가 있는가?
능력	• 담당 업무의 지식이 넓고 깊은가? • 규정, 지시, 자료들을 바르게 이해하는가? • 요점을 잘 파악하고 실천하는가? • 자주적으로 결론을 내릴 수 있는가? • 내린 결론이 항상 정확하고 타당한가? • 창의적인 아이디어를 내며 실천하는가? • 구두 표현의 의사소통 능력이 뛰어난가? • 문장 표현의 의사소통 능력이 뛰어난가? • 이견을 절충하고 교섭하는 능력이 뛰어난가?

이러한 맥락으로 어린이집은 각각의 특성에 따라 적절한 체크리스트를 작성하여 평가한다. 여러 가지 사례를 참고하면 자신이 미래에 어떤 보육교사가 되고 싶은지 계획하는 데 도움이 될 것이다. 다음은 저자가 최근에 교직원 평가를 위해 제작한 사례이다.

교직원 다면 평가표						
이름	부모평가 점수 (100점 만점) 부모평가 설문지를 통해서 본 반별 교사 점수 평균 반영	동료평가 점수 (100점 만점) 교직원 자기평가표로 측정해 본 자신과 동료의 점수	개선 점수 (개선 사항이 없을 때 100점 만점) 지각, 근무 태도, 문서작성·제출, 동료 및 부모와의 갈등, 청결 관리 등	공헌 점수 (100점 만점) 고유 업무와 공동 업무 수행, 외부 수상, 공모전 출품, 연구, 원내 문제 해결 등	원장 점수 (100점 만점)	5개 항목을 합산하여 500점 만점으로 평가
탁○○						
안○○						
유○○						
유○○						
낭○○						
이○○						
이○○						
방○○						
유○○						
장○○						
정○○						
올해의 인물: 우리 어린이집의 우수 교직원으로 '올해의 1인'을 추천하고 사유 기술(자신 추천도 가능)						
작성자 (인)						

앞의 평가표에 반영될 수 있는 구체적인 항목으로는 자기 및 동료 평가, 보육진흥원과 같은 기관의 문서를 참고하여 만든 평가표, 부모의 담임교사에 대한 평가 등이 있다.

자기 및 동료 평가

자기 평가 리스트(100점 만점)

- 스스로를 돌아볼 수 있는 리스트입니다. 더욱 나은 모습으로의 변화를 다짐할 수 있는 참고 자료가 되기를 바랍니다.

<table>
<tr><th>항목</th><th colspan="2">문항</th><th colspan="2">평점</th></tr>
<tr><td rowspan="9">자기관리</td><td rowspan="3">1</td><td rowspan="3">〈출 · 퇴근〉
5. 업무에 지장 없이 출근하여 맡은 일을 완벽하게 마무리하고 퇴근한다(출근부 기록 및 필요시 보고).
3. 출근하여 보육 시간에 식사나 화장 등 주로 개인 업무에 시간을 할애하거나 지각을 한 적이 있다.
1. 지각하는 일이 잦으며 업무 지연으로 동료 교사의 퇴근을 방해한 적이 있다.</td><td>5</td><td rowspan="3"></td></tr>
<tr><td>3</td></tr>
<tr><td>1</td></tr>
<tr><td rowspan="3">2</td><td rowspan="3">〈옷차림〉
5. 일주일 내내 단정하고 깨끗한 용모로 근무한다.
3. 단정하지만 늘 같은 옷차림을 한다.
1. 단정하지 않은 옷차림을 한 적이 있다. (예: 바닥에 끌리는 바지, 폭이 좁은 치마, 길이가 너무 길거나 짧은 치마, 짧은 반바지, 속이 훤히 비치거나 몸매가 드러나는 티셔츠, 운동복, 접어 신거나 빨지 않은 덧신, 냄새 나는 옷, 더러워진 앞치마나 마스크 등)</td><td>5</td><td rowspan="3"></td></tr>
<tr><td>3</td></tr>
<tr><td>1</td></tr>
<tr><td rowspan="3">3</td><td rowspan="3">〈화장 및 액세서리〉
5. 단정한 머리 모양, 깨끗한 손톱, 요란하지 않은 액세서리로 연출한다(영아반의 경우 보육 시간에는 빼놓는다).
3. 짙은 화장 또는 흐트러진 모습으로 출근하거나 손톱을 길게 기른 적이 있으며 교직원 신분에 부적절한 액세서리를 착용한 적이 있다.
1. 긴 손톱, 튀는 색상의 염색 머리, 요란한 액세서리, 짙은 화장 또는 흐트러진 용모로 출근한다.</td><td>5</td><td rowspan="3"></td></tr>
<tr><td>3</td></tr>
<tr><td>1</td></tr>
</table>

<table>
<tr><th>항목</th><th colspan="2">문항</th><th colspan="2">평점</th></tr>
<tr><td rowspan="12">대인관계</td><td rowspan="3">1</td><td>〈상하 관계〉
5. 상경하애의 정신으로 상사, 선배를 예우하며 예의 바른 자세로 대하고 후배를 사랑하며 협력하고 있으며 부여된 업무에 대해 긍정적이고 수용적으로 배우려는 자세를 갖고 임한다. (예: '해 보겠습니다.', '배우는 기회가 되겠네요.', '같이 할까요?')</td><td>5</td><td></td></tr>
<tr><td>3. 늘 수동적인 자세로 주어진 업무는 수행하나 어려움이 있어도 조력을 구하지 않는다.</td><td>3</td><td></td></tr>
<tr><td>1. 개인적인 업무(일)만을 강조하고 주어진 업무에 불만을 표시하거나 공동 업무, 공유 공간 관리 및 청소, 수업 외의 일에 소홀한 적이 있다. (예: '이런 일까지 제가 해야 하나요?' 등의 반응, 관련 문서 제출의 기한 넘기기, 마음에 들지 않는 교직원 따돌리기, 업무 지시를 전달해 주지 않기)</td><td>1</td><td></td></tr>
<tr><td rowspan="3">2</td><td>〈교직원 간 관계〉
5. 동료 교직원에게 늘 밝은 얼굴로 인사하고 존칭(성을 포함한 이름과 직책)을 사용하며 예의 바르고 친절한 태도로 서로를 도와준다. (예: '같이 해 봐요.', '알려 주시니 할 수 있을 것 같아요.', '선생님이 도와주셔서 해냈어요.')</td><td>5</td><td></td></tr>
<tr><td>3. 동료 교직원에게 인사를 하지 않고 지나친 경우가 있으며 존칭을 사용하지 않거나 험담한 적이 있고 도움을 주는 데 있어 불만을 표시한 적이 있다.</td><td>3</td><td></td></tr>
<tr><td>1. 도움 요청을 거부하고 싶을 때가 있고, 싫어하는 교직원이 있거나 나 자신이 그 대상인 것 같다.</td><td>1</td><td></td></tr>
<tr><td rowspan="3">3</td><td>〈파트너 간 관계〉
5. 반 운영에 관한 것은 항상 편안하게 의논하여 결정하고 신입교사를 배려한다. 업무상 외부로 나갈 때 등 서로를 배려하고 솔선수범하며 교실 내 분장된 업무를 성실하게 수행한다.</td><td>5</td><td></td></tr>
<tr><td>3. 반 운영에 정해진 업무분장을 따르나 부모, 유아와의 관계에 있어 들은 내용을 전달하지 못하는 경우가 있으며 문제해결을 위해 대화하는 일이 적다.</td><td>3</td><td></td></tr>
<tr><td>1. 반 운영에 있어 의논 없이 혼자 결정하는 경우가 많으며 불만이 있어도 대화를 나누지 않아 파트너(누리교사, 보조교사, 보육도우미 포함)가 불편하다.</td><td>1</td><td></td></tr>
<tr><td rowspan="3">4</td><td>〈외부인과의 관계〉
5. 외부인 방문 시 밝은 표정과 명랑한 목소리로 인사한 후 어디에서 무슨 일로 방문하였는지 정중히 묻는 등 예의 바르게 대한다. 필요한 공간에 안내하고 차를 대접하는 등 친절하게 응대한다.</td><td>5</td><td></td></tr>
<tr><td>3. 외부인 방문 시 인사는 하지만, 손님을 혼자 두고 자기 일을 한 적이 있다.</td><td>3</td><td></td></tr>
<tr><td>1. 외부인 방문 시에도 바빠서 인사를 하지 않는다.</td><td>1</td><td></td></tr>
</table>

항목	문항		평점	
대인관계	5	〈실습생과의 관계〉 5. 실습생(사전 관찰자 포함)을 대할 때 존칭어를 사용하고 예우하는 등 교직원으로서의 품위를 지키고 바른 상호작용의 모범(눈높이 수업, 아동 중심 철학에 입각한 대화)을 보인다. 3. 교실 내 일과 중에 실습생과 사적인 이야기를 나눈 적이 있으며 개인적인 업무로 인해 실습생에게 과중한 업무를 부여한 적이 있다. 1. 실습생에게 반말을 사용하며 경시한다.	5 3 1	
	6	〈학부모와의 관계〉 5. 등·하원 시 항상 웃으며 인사한다. 모든 부모에게 성숙하고 유연하게 대처하며 어린이집의 규칙에 대해 친절히게 이해할 수 있도록 돕고 결석생의 경우 반드시 전화로 확인한다. 3. 등·하원 시 유아들 앞에서 상담하는 경우가 있으며 성급한 응대로 오해를 산 적이 있다. 1. 경직되고 권위적인 태도로 인사하며 원의 규칙만을 강조하거나 싫은 부모를 피한 적이 있다.	5 3 1	
	7	〈전화 응대〉 5. 어린이집에서 전화를 받을 때 '안녕하십니까? ○○○어린이집 교사 ○○○입니다.' 하며 친절하게 응대하고, 사적인 통화로 피해를 주지 않는다. 답변이 어려운 경우 연락처를 받아 원장님이나 담당자에게 문의하여 통화한다. 3. 어린이집에서 전화를 받으면 딱딱한 말투로 응대하거나 상대방이 전화를 끊기 전에 끊은 적이 있으며 사무실, 교사실, 화장실 등 공유 공간에서 목소리 높여 개인적인 전화를 사용한 적이 있다. 1. 자신의 업무가 아니기 때문에 전화벨이 울려도 받지 않는다. 전화를 받아도 연락하지 않거나 메모를 남겨두지 않는다.	5 3 1	
근무태도	1	〈교실〉 5. 어린이집 내 안전 규칙을 준수하고 눈높이에 맞춘 환경 구성과 교수 방법을 연구한다. 영유아들만 두고 교실을 비우지 않으며, 잠시라도 비울 경우 다른 교직원에게 보육을 요청한다. 유아의 요나 이불, 베개를 밟고 다니지 않는다. 3. 영유아의 신변을 살피지 못하고(콧물이 나왔는지, 넘어져 다쳤는지, 옷을 바르게 입었는지 등), 교실에 영유아들만 두고 나와 업무를 본 적이 있으며 개인적인 업무를 보면서 영유아를 보육한 적이 있다. 1. 일과에 쫓겨 정해진 규칙(안전, 위생)을 따르지 않을 때가 많고, 일과 중 특히 오전 수업에 컴퓨터와 휴대전화로 개인 업무를 본다.	5 3 1	

<table>
<tr><th>항목</th><th colspan="2">문항</th><th colspan="2">평점</th></tr>
<tr><td rowspan="15">근무태도</td><td rowspan="3">2</td><td rowspan="3">〈실외〉
5. 실외 놀이 시 뒤가 막힌 운동화를 준비하여 신으며 전체의 움직임과 놀이를 잘 관찰하여 안전사고에 대비하고 놀이가 끝난 후 뒷정리를 잘한다.
3. 뒤가 막힌 신발을 신지만 구겨 신으며 뒷정리를 소홀히 하거나 교사끼리 모여 이야기하느라 영유아들을 방치한 일이 있다.
1. 늘 슬리퍼를 신으며 놀잇감 없이 영유아들만 방치하는 일이 많다.</td><td>5</td><td rowspan="3"></td></tr>
<tr><td>3</td></tr>
<tr><td>1</td></tr>
<tr><td rowspan="3">3</td><td rowspan="3">〈교사실〉
5. 공동 자료 대출 시 반드시 대출기록을 하고 개인적인 일로 어린이집 내 물품을 사용하는 일이 없으며 출입 시 잠금장치를 반드시 확인한다.
3. 음료나 음식 섭취 후 정리를 하지 않은 적이 있으며 사전 동의 없이 공동 자료 대출 및 어린이집 물품을 사용한 적이 있다.
1. 늘 교사실 물품과 공동 자료, 출입문 관리를 소홀히 한다.</td><td>5</td><td rowspan="3"></td></tr>
<tr><td>3</td></tr>
<tr><td>1</td></tr>
<tr><td rowspan="3">4</td><td rowspan="3">〈나비플라자 및 유희실〉
5. 공유 공간 사용 시간을 준수하며 변경될 경우 해당 반에 미리 양해를 구하고 놀잇감 사용 후 제자리에 정리하며 안전 관리를 철저히 한다.
3. 공유 공간을 임의로 사용하여 다른 반에 피해를 준 적이 있으며 놀이 후 정리를 하지 않은 적이 있다.
1. 영유아들만 공유 공간에 둔 적이 있고 활동 후 교구를 정리하지 않거나 파손된 교구를 그대로 방치하는 일이 많다.</td><td>5</td><td rowspan="3"></td></tr>
<tr><td>3</td></tr>
<tr><td>1</td></tr>
<tr><td rowspan="3">5</td><td rowspan="3">〈파랑화장실 창고 및 성인 화장실 옆 창고〉
5. 쓰고 난 자료는 제자리에 정리하여 청결하게 관리하고 배정된 비품과 가전제품에 점검 사항이 생기면 즉각 후속 조치를 하거나 담당자에게 알려 준다.
3. 사용한 비품이나 교재·교구를 제자리에 정리하지만, 보수가 필요한 교구를 방치하거나 파손된 채 보관한 적이 있다.
1. 교재·교구를 제자리에 정리하지 않은 경우가 많다.</td><td>5</td><td rowspan="3"></td></tr>
<tr><td>3</td></tr>
<tr><td>1</td></tr>
<tr><td rowspan="3">6</td><td rowspan="3">〈파랑 및 주황 화장실〉
5. 위생상태를 항상 눈여겨보며 영유아들의 변기 물 내리기, 주변에 떨어진 휴지 휴지통에 버리기, 세면대에 고인 물 처리 등을 지도하고 변기와 세면대, 칫솔 살균기 등을 청결하게 관리한다. 필요한 물품(휴지, 물티슈, 비누, 수건)을 교체하고 변기와 세면대를 청결하게 관리한다.
3. 위생 점검이나 화장실 사용 시 뒤처리에 대한 기본 생활습관 지도를 소홀히 하는 경우가 있다.
1. 화장실 물품 관리 및 위생 관리에 신경 쓰지 않는다.</td><td>5</td><td rowspan="3"></td></tr>
<tr><td>3</td></tr>
<tr><td>1</td></tr>
</table>

항목		문항	평점	
근무태도	7	〈성인 화장실〉 5. 화장실 사용 후 청결하게 처리하며 나올 때는 반드시 잠금장치를 잠근다. 3. 바쁠 때는 화장실 불을 켜놓거나 문을 잠그지 못한 적이 있다. 1. 화장실을 더럽히거나 오염상태를 보고도 신경 쓰지 않는다.	5 3 1	
	8	〈당직 근무 시〉 5. 당직 근무 시 등원하는 영유아를 반갑게 맞이하며 당직 후 뒷정리하고, 퇴근 시 전등, 컴퓨터, 프린터, 코팅기, 기타 전자제품의 전원을 확인한다. 남자 소변기 청결을 점검하고 환기가 필요한 곳의 실내문을 열어 둔다. 통합 시간의 프로그램을 계획하여 기록한다. 3. 당직 근무 시 검색을 하거나 음식을 먹느라 맞이하기 및 귀가 지도를 소홀히 한 적이 있다. 1. 당직 근무 시 영유아들을 방치하고 업무를 본 적이 있다.	5 3 1	
	9	〈영유아 관리 – 언어 습관〉 5. 영유아에게 눈높이를 맞추어 바르고 긍정적인 언어 사용(개별적 관심, 인정하기, 발달에 적합하게 말하기, 전인발달 지원하는 말)으로 교직원의 품위를 지킨다. 3. 영유아들에게 부정적인 언어를 사용한 적이 있다. (예: '□□ 하면 이놈 한다.', '망태 할아버지 잡아간다.', '동생반에 보내 버린다.', '너 이리 와, 혼나 볼래?', '선생님이 우스워?' '야! 너! 조용히 입 다물라고!') 1. 늘 눈높이를 맞추지 않고 이야기하며 부정적인 언어를 자주 사용한다.	5 3 1	
	10	〈일상생활 시〉 5. 무슨 일이든 긍정적이고 적극적인 자세로 행복한 직장을 만드는 일에 도움이 되고자 하며, 공사를 구분하고 사적인 상황을 앞세우지 않는다. 3. 내가 꼭 해야 할 일이 아니라고 생각하면 그대로 둔 적이 있으며(떨어진 휴지나 떨어진 부착물 방치하기, 오래된 게시물 그대로 두기 등), 개인적인 업무로 오랫동안 자리를 비운 적이 있다. 1. 업무 진행에 비협조적이며 개인적인 일상을 강조하여 주변인에게 피해를 주는 일이 많다.	5 3 1	
합계(총점)				

보육진흥원의 문서를 참고하여 작성한 평가표

1. 업무 태도(20)

– 담당 업무의 계획, 실행, 평가 과정을 성실하게 수행한다.
– 담당 업무의 문서관리 및 공동 구역의 청결 유지를 위해 노력한다.
– 담당 업무에 대해 책임을 전가하지 않고 의욕적으로 해내려고 한다.
– 담당 업무를 위해 타인과 긍정적으로 협력한다.

2. 전문성(20)

– 지식의 함양을 위해 보육 관련 재교육 및 세미나 등에 자발적으로 참여한다.
– 전문성 있는 업무수행을 위해 다양한 자료를 참고하며 연구한다.
– 교직원 교육과 회의과정에 충실히 임하며 업무에 반영하기 위해 노력한다.
– 자신의 경력과 호봉에 걸맞은 업무 능력을 갖추고 있다.

3. 원아 관리(20)

– 영유아를 존중하며 요구에 민감하고 적절히 반응해 준다.
– 영유아의 입장에서 이해하려고 노력하며, 적절한 개입을 한다.
– 매일 영유아의 건강상태 및 정서상태 등을 파악하기 위해 노력한다.
– 매일 자신의 상호작용에 대해 반성적 사고를 통해 개선하려는 노력을 한다.

4. 부모와의 관계(20)

– 영유아의 어린이집 생활에 대해 가정과의 의사소통이 활발하다.
– 전문성 있는 태도와 용모로 부모와의 신뢰감 형성을 위해 노력한다.
– 부모면담, 가족 행사 등 참여활동에 적극적으로 참여를 유도한다.
– 영유아의 등·하원 시간에 부모와 친밀한 대화와 미소를 주고받는다.

5. 동료 관계(20)

– 조직의 상하 간, 동료 간의 인간관계를 원활히 유지하기 위해 노력한다.
– 동료 교직원의 도움과 요청이 있을 때, 적극적으로 도와주려고 노력한다.
– 동료 교직원의 고충을 듣고 진심으로 이해하려고 노력하며 격려해 준다.
– 자신의 업무를 소홀히 하여 타인에게 피해를 주는 일이 없도록 노력한다.

출처: 김혜경과 나비교직원(2018).

보육교사의 상호작용 평가

수업의 상호작용 분석을 위한 리스트

1. 영유아와 자주 눈을 마주치고 칭찬과 격려로 자신감을 준다.
2. 또래에게 표현하는 법을 알려 준다.
3. 규칙과 약속을 지키도록 격려한다.
4. 문제가 발생하지 않게 하는 환경을 구비하고 적절하게 개입한다(흥미 영역 간 통로 확보, 충분한 놀잇감 제공, 발달에 적합한 놀이 지도와 중재 등).
5. 끼적이기 등 언어활동을 즐길 수 있는 다양한 종이와 쓰기 도구를 제공한다.
6. 영유아를 부를 때 '야!', '너!', '얘!'라고 하지 않는다.
7. 영유아를 비꼬는 말을 하지 않는다.
8. 영유아의 의사 표현을 무시하거나 얼굴을 쳐다보지 않고 말하지 않는다.
9. 짜증 내는 표정, 비웃음 등을 보이지 않는다.
10. 팔을 잡아당기거나 밀치는 행동으로 거세게 제압하지 않는다.
11. 대화하는 과정에서 영유아의 이름을 자주 불러 준다.
12. 영유아의 행동이나 의견을 존중하고 인정해 준다.
13. 집단으로 보육하고 있지만 개별적인 접촉을 많이 한다.
14. 영유아의 표현에 개별적으로 반응해 준다.
15. 영유아의 행동을 문장으로 묘사해 준다.
16. 영역(기신사의자예)별 목표를 알고 있고 목표에 맞춰 발문한다.
17. 영유아의 실수(물 쏟기, 용변, 흘리기 등)도 이해하고 존중해 준다.
18. 영유아에게 소리를 지르거나 방치하지 않는다.
19. 영유아가 급간식을 먹지 않거나 편식할 때 지도하는 방법을 안다.
20. 영유아가 소리를 지르거나 뛰어다닐 때 지도하는 방법을 안다.
21. 영유아가 다른 친구를 방해하거나 싸울 때 지도하는 방법을 안다.
22. 영유아가 울고 고집을 부릴 때 지도하는 방법을 안다.
23. 영유아가 친구의 낮잠을 방해하거나 돌아다닐 때 지도하는 방법을 안다.
24. 내 기관의 동료, 영유아의 부모와도 편안한 상호작용을 하고 있다.
25. 나 자신의 상호작용에 대해 주기적으로 분석하고 개선점을 찾는다.

부모의 담임교사 평가

담임교사에 대한 만족도 조사

☆☆반 ____________(익명 가능)

안녕하십니까? ○○○어린이집에서는 부모님들의 만족도와 의견을 조사하고자 합니다. 아래의 내용을 작성하시고 현관에 비치된 바구니에 제출해 주시기를 바랍니다. 어린이집과 가정이 협력하여 더욱 나은 보육을 제공하기 위해 참고하고자 하오니 다음의 항목에 의견을 보내 주시기를 바랍니다. 감사합니다.

항목	만족 및 불만족을 O, X로 표시	이유
환경 구성		
일과 운영		
교사의 태도		
교사와의 소통		
건의 사항 및 의견		

____________ 선생님의 점수는 100점 만점에 ____________점

2 국가직무능력표준의 평가

1) 직업인의 기초 능력 평가

국가직무능력표준에서는 직업인의 기초 능력 평가 범주를 다음과 같이 정하고 교육을 권장한다. 다음을 참고하여 예비 보육교사가 되기 위한 자신의 능력을 평가해 보기를 바란다. 유능한 일 처리 능력은 동료 간의 갈등 없이 일하는 직장인의 인성에 기본이 된다.

기초 능력 평가 범주

범주	내용
의사소통 능력	업무를 수행함에 있어 글과 말을 읽고 들음으로써 다른 사람이 뜻한 바를 파악하고, 자기가 뜻한 바를 글과 말을 통해 정확하게 쓰거나 말하는 능력이다.
수리 능력	업무를 수행함에 있어 사칙연산, 통계, 확률의 의미를 정확하게 이해하고, 이를 업무에 적용하는 능력이다.
문제해결 능력	업무를 수행함에 있어 문제 상황이 발생하였을 경우, 창조적이고 논리적인 사고를 통하여 이를 올바르게 인식하고 적절히 해결하는 능력이다.
자기계발 능력	업무를 추진하는 데 스스로를 관리하고 개발하는 능력이다.
자원 관리 능력	업무를 수행하는 데 시간, 자본, 재료 및 시설, 인적자원 등의 자원 가운데 무엇이 얼마나 필요한지를 확인하고, 이용 가능한 자원을 최대한 수집하여 실제 업무에 어떻게 활용할 것인지를 계획하고, 계획대로 업무 수행에 이를 할당하는 능력이다.
대인관계 능력	업무를 수행함에 있어 접촉하게 되는 사람들과 문제를 일으키지 않고 원만하게 지내는 능력이다.
정보 능력	업무와 관련된 정보를 수집하고, 이를 분석하여 의미 있는 정보를 찾아내며, 의미 있는 정보를 업무 수행에 적절하도록 조직하고, 조직된 정보를 관리하며, 업무 수행에 이러한 정보를 활용하고, 이러한 제 과정에 컴퓨터를 사용하는 능력이다.
기술 능력	업무를 수행함에 있어 도구, 장치 등을 포함하여 필요한 기술에는 어떠한 것들이 있는지 이해하고, 실제로 업무를 수행함에 있어 적절한 기술을 선택하여 적용하는 능력이다.
조직 이해 능력	업무를 원활하게 수행하기 위해 국제적인 추세를 포함하여 조직의 체제와 경영에 대해 이해하는 능력이다.
직업윤리	업무를 수행하는 데 있어 원만한 직업 생활을 위해 필요한 태도, 매너, 올바른 직업관이다.

출처: https://www.ncs.go.kr/th03/TH0302List.do?dirSeq=121.

2) 학습 모듈별 평가

이와 같은 직장인의 기초 능력과 함께 각 학습 모듈별로 보육교사의 능력을 평가하는 항목을 제공하고 있다. '음률활동 지도' 과목을 사례로 보면 다음과 같이 책임과 역할을 명시한다. 이러한 항목도 평가지표가 될 수 있을 것이다.

활동을 끌어가는 교사의 책임 및 역할을 다음과 같이 제시하고 있다. 음률활동을 계획하여 실행할 때 적용해야 할 것이다.

주요 업무	책임 및 역할
흥미 영역 운영하기	• 흥미 영역별로 계획한 보육활동과 자료를 영유아에게 소개하여 자유롭게 선택하도록 지도한다. • 흥미 영역별 활동을 관찰하여 영유아의 개별적 흥미와 요구에 적합한 상호작용을 한다. • 영유아의 흥미나 요구에 따라 계획한 보육활동을 확장·조정한다. • 흥미 영역별 활동에 고루 참여하여 개별 영유아와 상호작용한다. • 흥미 영역별 보육활동이 연계·통합하여 이루어질 수 있도록 지원한다. • 또래 간의 상호작용, 협동, 문제해결 등이 촉진되도록 지도한다. • 영유아의 요구, 활동의 몰입 정도에 따라 정리 시간을 조정하여 마무리한다. • 놀이과정을 관찰하고 기록하여 그 결과를 체계적으로 평가함으로써 다음 활동에 반영한다.
대·소집단 활동 운영하기	• 계획된 보육활동 내용과 집단 크기에 따라 효과적인 교수학습 방법을 적용한다. • 계획된 대·소집단 보육활동의 진행 순서에 맞게 자료를 준비한다. • 보육활동을 시작할 때 유아의 흥미를 유발하고 주의를 집중하도록 지도한다. • 대·소집단 활동에 모든 유아가 골고루 참여하도록 지도한다. • 유아의 흥미와 요구에 따라 준비한 보육활동을 확장·조정한다. • 대·소집단 활동을 흥미 영역 활동, 실외 활동과 연계·통합되도록 지도한다. • 개별 반응을 수용하고 영유아의 관심을 고루 반영하는 적절한 상호작용을 한다. • 보육활동 간 전이가 자연스럽게 이루어지도록 운영한다.
실외 활동 운영하기	• 연령에 적합한 실외 놀잇감을 계획에 맞게 배치하여 활동을 실행한다. • 계획된 활동 외에 영유아의 흥미와 요구, 날씨에 따라 놀잇감을 추가로 제공하거나 대체활동을 진행한다. • 영유아가 실외의 공기와 햇빛, 바람, 구름, 계절의 변화 등에 관심을 갖도록 상호작용한다. • 실내외 활동이 서로 연계·확장되도록 운영한다. • 실외 활동 중 안전사고를 예방하기 위해 전체 영유아를 주시하여 감독한다.

출처: https://www.ncs.go.kr/unity/th03/ncsResultSearch.do#, p. 184.

모든 과목의 정보를 원하면 국가직무능력표준 사이트의 학습 모듈 중 '사회복지 · 종교 → 보육 → 보육 → 보육' 의 경로를 검색하여 과목별 내용을 살펴보기를 바란다.

여러 평가 자료를 참고하여 보육교사에게 필요한 능력과 인성에 대해 학습하였다. 현재의 위치에서 나의 능력과 인성 중 긍정적인 부분을 찾아 발전시키고 부족한 부분은 보완하면서 유능한 보육교사가 되기 위한 준비에 노력해 보기를 바란다.

예비 보육교사인 나의 장점
1. 니의 미소는 영유아들의 마음을 녹일 만큼 매력적이다. 2. 나는 항상 긍정적인 화법으로 많은 사람과 대화를 나눈다. 3. 나는 영유아를 포함한 사람에게 관심이 많고 교류하는 것을 즐긴다. 4. 나는 영유아발달에 대해 각 연령의 특성을 잘 알고 있다. 5. 6. 7. 8. 9. 10.

참고 문헌

고동섭 (2001). 유아교육과 신입생의 특성. 이화여자대학교 대학원 석사학위 청구논문.

구은미 (2007). 보육교사의 건강증진을 위한 생활양식과 직무 스트레스. 한국생활과학지, 16(4).

권연 (2001). 유아교사의 직무만족도에 관한 연구. 용인대학교 교육대학원.

김병식·이상엽 (1996). 성격 유형과 갈등 관리 유형과의 관계를 통한 부서의 효율성 분석. 한국행정학보, 30(3).

김성재·조형숙 (2006). 유치원 교사의 건강지각 및 건강 증진 생활양식에 관한 연구. 미래유아교육학회지, 13(4).

김주희 (2006). 변화하는 여자, 주목받는 여자들을 위한 매너 백서. 서울: 북폴리오.

김지영 (2010). 보육교사의 정서 노동에 관한 연구. 이화여자대학교 대학원.

김혜경 (2006) 영유아교육기관경영. 서울: 창지사.

김혜경 (2009). 영유아 음악활동의 이해. 경기: 공동체.

김혜경 (2010). 교구교재 연구 및 지도법. 경기: 공동체.

김혜경 (2012). 어린이집 개원하기. 경기: 공동체.

김혜경 (2012). 원장 리더십. 경기: 공동체.

김혜경 (2013). 보육교사론. 서울: 창지사.

김혜경 (2013). 영유아교육기관 운영관리. 서울: 창지사.

김혜경 (2013). 영유아프로그램개발과 평가. 서울: 창지사.

김혜경 (2014). 보육교사론. 서울: 창지사.

김혜경 (2016). 보육의 회복. 경기: 공동체.

김혜경과 나비교직원 (2018). 원장리더십과 평가인증 실무. 서울: 창지사.

바이취엔젠 (2007). 삶을 맛있게 요리하는 인간관계 레시피. 서울: 새론북스.

바이취엔젠 (2010). 성공하고 싶을 때 일하기 싫을 때 읽는 책. 서울: 새론북스.

박수진 (2009). 유치원 교사의 교직윤리의식과 역할수행 정도에 관한 연구. 덕성여자대학교 교육대학원.

박영희 (1996). 사립 유치원 운영의 실제와 성공적 운영에 대한 원장의 인식. 숙명여자대학교 교육대학원.

박은혜 (2003). *유아교사론*. 서울: 창지사.

박은혜 외 (2010). 유치원 교사 양성 및 임용체제 개선방안. 육아정책연구소.

보건복지부 (2019). 2019 보육사업안내.

보건복지부 · 한국보육진흥원 (2017). 제3차 어린이집 평가인증 안내 통합지표.

서울특별시 (2019). 2019 서울시 보육사업안내.

염지숙 · 조형숙 · 이춘자 · 조운주 · 고영미 · 이현경 (2011). 유아교사교육, 다양성과 통섭을 위한 한국유아교육의 실천. 한국유아교육학회.

윤순옥 (2010). 유아교사의 임파워먼트와 직무만족에 관한 연구. 경남대학교 교육대학원.

이경민 (2002). 유치원 교사의 생애에 대한 기초연구. *유아교육연구*, *22*(3), 95-114.

이윤경 (1999). 유치원 교사의 갈등 관리 유형과 직무 만족도와의 관계. *교육학연구*, *37*(3), 한국교육학회.

이은화 · 배소연 · 조부경 (1995). *유아교사론*. 경기: 양서원.

이현숙 · 조형숙 (2008). TV 드라마에 나타난 유아교사의 이미지. *어린이미디어연구*, *7*(2).

정명자 (2008). 보육교사의 직무만족에 관한 연구. 인제대학교 교육대학원.

정희남 · 임재택 (2008). 유아교사의 생활양식과 건강상태에 관한 연구. *영유아보육연구*, *제14집*.

카네기스쿨 (2011). 새 입시전략에 맞춘 자녀를 위한 카네기식 코칭법. 방산중학교 학부모 연수 교재.

케네스 지글러 (2008). *억대 연봉자는 업무습관부터 다르다* (정경옥 역). 서울: 명진출판.

한국보육시연합회 (2010). 보육시설장 · 교사 윤리강령개발연구.

황혜미 (2010). 성공적인 직장생활. 아이코리아 장학요원 연수교재.

황혜미 (2011). 모아맘 교사연수 강의안.

Fuller, F. F. (1969). Concerns of teachers: A developmental conceptualization. *The Elementary School Journal*, *6*(2).

Rahim, M. A. (1983). *Current topics in management*. Transaction pub.

Tsai (1990). *A survey study of Chinese kindergarten teacher concerns*. University of Illinois 보육자격관리사무국, 보육인, 2009. 12.에서 재인용.

〈참고 사이트〉

강남구 육아종합지원센터. http://gncare.go.kr/index.php

구리시 육아종합지원센터. http://www.guricenter.go.kr

국가직무능력표준. http://www.ncs.go.kr

법제처. http://www.moleg.go.kr에서 「영유아보육법」, 「인성교육진흥법」 인출.

보건복지부. http://www.mohw.go.kr

삼성아동교육문화센터. http://child.samsungfoundation.org

서울특별시교육청. http://www.sen.go.kr

세곡나비어린이집. http://gncare.go.kr/preschool/sgnb3

양광모의 푸른 고래를 찾아서. azus39.tistory.com

어린이집안전공제회. http://www.csia.or.kr

어린이집 · 유치원 통합정보공시. http://www.childinfo.go.kr

여성가족부. http://www.mogef.go.kr

영유아교육경영연구소. http://www.kidsnme.org

에듀케어아카데미. http://www.educareac.com

이화여자대학교 유아교육과. http://my.ewha.ac.kr/eece2624

인천광역시 육아종합지원센터. http://incheon.childcare.go.kr

인크루트. http://www.incruit.com

좋은교사되기운동. http://www.goodteacher.org

중앙아동보호전문기관. http://www.korea1391.go.kr

한국고용정보원. http://www.keis.or.kr

한국보육교사교육연합회. http://blog.naver.com/kctef

한국보육진흥원. http://www.kcpi.or.kr

저자 소개

저자 김혜경

이화여자대학교 사범대학 유아교육과에 진학하여 유아교육과 영어교육을 복수전공한 이후 다양한 경력과 학력을 소유하고 있다. 최근까지 영유아교육경영연구소를 운영하며 모교의 유아교육과 겸임교수로 재직하였다. 현재는 어린이집원장으로 일하며 어린 천사들과 함께 하고 있다.

유아교육과 영어교육 외에 각기 다른 대학교에서 교육학(전남대학교), 음악학(서울대학교), 지도자학(총신대학교), 문예창작(중앙대학교)을 공부하였다. 30여 년 다양한 직업으로 영유아교육을 즐기며 일해 왔고 20대 후반부터 집필활동이 멈춰지지 않는다. 아무래도 Hypergraphia증상 같다. 최근에는 여행 등 여러 가지 방식으로 글쓰기에 과도한 몰두를 절제하면서 가능한 만큼만 출판작업을 하고 있다.

주요 활동과 경력

- 세곡나비어린이집 원장
- 영유아교육경영연구소장(www.kidsnme.org)
- 이화여자대학교 사범대학 유아교육과 겸임교수
- 건국대학교 교육대학원 유아교육전공 겸임교수
- 광주보건대학교 유아교육과 전임교수
- CTS TV 영유아문화원 고문(kids.cts.tv)
  "영유아가 나라의 미래다" 제작 및 진행
- EBS "라디오 멘토 부모" 육아리포트 패널
  "부모라디오 알토란"/"부모의 시간" 출연진
- 서울특별시육아종합지원센터 초대 소장(어린이집 원장 겸직)
- 서울특별시보육정책위원회 부위원장
- 서울특별시 서초구 보육정책위원장
- 서울형 어린이집 공인인증 심의위원

- 아이낳기좋은세상 서울운동본부 위원
- 저출산 극복 운동 공로 "보건복지부장관상" 수상
- 한국육아지원학회 사업이사
- 아이코리아연수원장 / 보육교사교육원장
- 민주평통 자문위원
- 2014년 올해의 이화인
- 영유아 관련 저서 50여 권

최근 대표저서 및 연구

- 영유아음악교육2020(2019)
- 영유아기관 운영과 관리(2019)
- 원장리더십과 평가인증 실무(2018)
- 보육의 회복: 원장의 시선(2016)
- 저출산 세대의 슈퍼대디(2015)
- 보육교사론(2014)
- 아동음악(2014)
- 영유아프로그램 개발과 평가 제3판(2013)
- 영유아교육기관 운영관리 개정2판(2013)
- 영유아음악교육(2013)
- 영유아건강교육(2012)
- 어린이집 개원하기(2012)
- 원장리더십(2012)
- 부모도 이미지메이킹이 필요하다(2012)
- 유아교사를 위한 교직의 이해(2011)
- EBS 라디오멘토 부모(2010)
- 교구교재 연구 및 지도법(2010)
- 영유아음악활동의 이해(2010)
- 유아를 위한 도박중독예방교육 프로그램 운영 연구(2010)

연락처: kidsnme@hanmail.net

보육교사인성론

초판 1쇄 인쇄 2020년 1월 22일
초판 1쇄 발행 2020년 1월 29일

지 은 이 | 김혜경
펴 낸 이 | 김기섭
편 집 인 | 김민수
펴 낸 곳 | 창지사 www.changjisa.com
08589 서울시 금천구 가산디지털 1로 83 파트너스타워 1차 9층
전화 (02)719-2211~3
팩스 (02)701-9386
등 록 | 1977년 4월 28일 · 제1-421호

ISBN 978-89-426-1237-6 (93370)

값 18,000원

「이 도서의 국립중앙도서관 출판예정도서목록(CIP)은 서지정보유통지원시스템 홈페이지(http://seoji.nl.go.kr)와 국가자료공동목록시스템(http://www.nl.go.kr/kolisnet)에서 이용하실 수 있습니다.(CIP제어번호: CIP2020001253)」